Happiness comes to you !

LOVE FELISSIMO
ファンブック

Edited by

Passionate FELISSIMO Fan

熱愛的なフェリシモファン

あさ出版

しあわせはずっと続くよ！ いつまでも♪

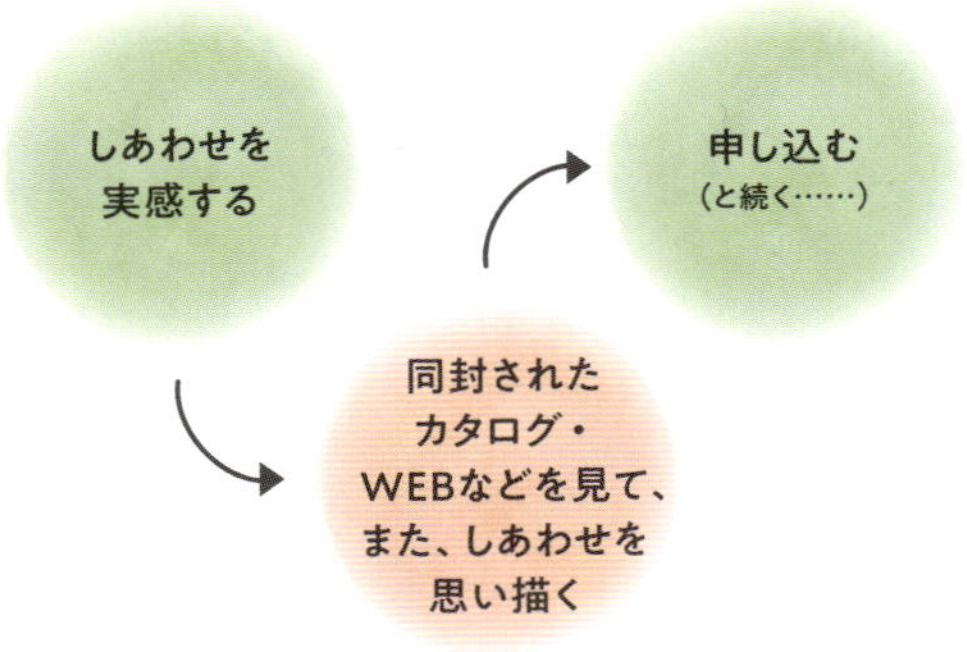
しあわせを実感する
申し込む
（と続く……）
同封されたカタログ・WEBなどを見て、また、しあわせを思い描く

LOVE フェリシモさんってどんな会社？

商品を届けるだけの企業じゃないんです！ パッションを起点に「ともにしあわせになるしあわせ」

フェリシモさんは、ファッションや雑貨など自社企画を中心にした商品を、カタログやWEBなどのメディアを使って販売しています。つまり、「通販会社」ってことでしょ？と思われるかもしれませんが、百貨店、レストラン、メーカー、商社など、多くの業種で通信販売がされているいま、「通販会社」なんて分類は「IT系」と同じくらい、意味のない説明です。

決まったモノを、安く、早く届けてくれるお店はほかにいくらでもあるのに、**企業名を"さん"付けするほどに親しみを持ち**、「フェリシモさんでないと、イヤ！」「待っている時間も楽しみのうち♪」と心惹かれるのはナゼでしょう……。

その**カギは「パッション（情熱）」にある**のではないか——そう思い当たりました。

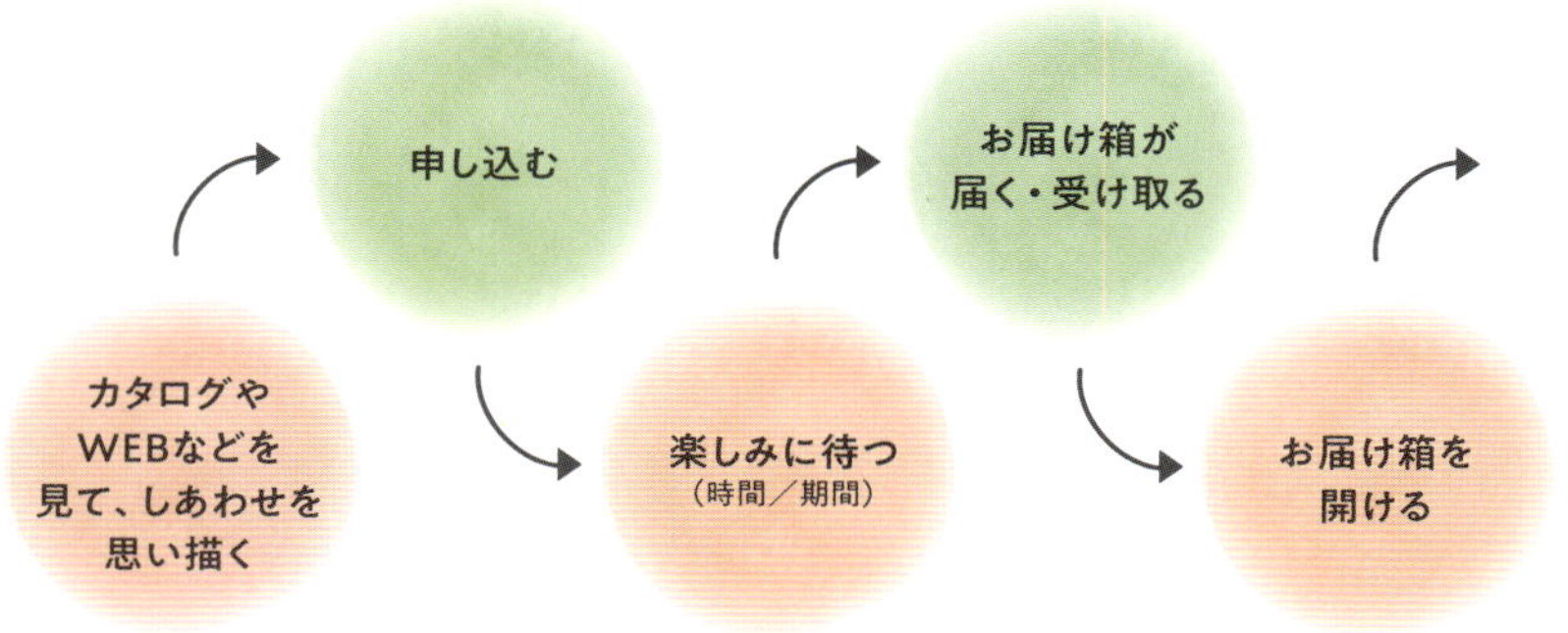

フェリシモさんは、「いま、何が売れているか？」といった市場調査をもとに、社会のニーズを追いかける商品開発はあまりしません。

それよりも、自分たちが本当につくりたいと思うものをつくり、欲しいと思う人に届けるという、**「パッション・ドリブン」**という前向きな姿勢、つまり**自分自身の情熱をエネルギーとして前に進もう**という、ポジティブな考え方を大切にしています。

言葉や行動に変えて発信されるそのパッションに、ファンは心を揺さぶられ、**「商品を買う」「品物が手に入る」だけではない、しあわせな気持ちを味わい続けている**のではないでしょうか。

♥ ひとりひとりがしあわせの創り手となり、贈り手となること。
♥ 誰もがしあわせを受け取ること。
♥ 自然・社会・人としあわせになること。

これらをみんなでかなえる、**「ともにしあわせになるしあわせ」という コア・バリュー** を具現化している、フェリシモさんに全面協力いただきながら知られざる部分に迫り、知っているところも深掘りしていきます。

LOVE FELISSIMO ファンブック

CONTENTS

Prologue

Chapter.1

お買い物がさらに楽しくなっちゃう♪

商品・カタログ・お届け箱 誕生へのこだわり

Chapter.5 LOVE♡フェリシモさん！ Thank you♡ファンのみなさま！
フェリシモファン座談会&ファンレター&メッセージ集

Chapter.6 ともにしあわせになるしあわせ
フェリシモさんが大切にしていること

※本書籍で紹介している商品には、販売を終了しているものも含まれております。あしからずご了承ください。なお、商品などの価格はすべて税込です。
※本書の内容は2024年7月末時点のものです。

LOVE FELISSIMO ファンブック

CONTENTS

Prologue

Stage Felissimo 直撃取材！

Stage Felissimo

企業や社会の未来を切り拓く場所

1995年9月に、大阪から神戸に本社を移したフェリシモさん。以来、神戸の企業として、さまざまな活動を行ってきました。

そして2021年1月18日に、「社屋を物理的に」引っ越すだけでなく、「企業文化」や「ビジネスモデル」も合わせて引っ越すことを心に決めて、本社機能を兼ねた「Stage Felissimo（ステージフェリシモ）」をオープンしたのでありました。

イメージは〝**真っ白なキャンバス**〟。

そのココロは——色とりどりのプロジェクトや商品を創り出す場所として、何色《なにいろ》を使っても描くことができる舞台としたかったから。新たな価値共創を行う拠点となる「Stage Felissimo」に、い

国際的なデザイン賞「Red Dot Design Award 2019」プロダクトデザイン部門で最優秀賞「best of the best」を受賞した『500色の色えんぴつ TOKYO SEEDS』。
世界中のしあわせな情景からインスピレーションを受けて、各色の名づけをしている。

ろいろな分野から人材やクリエイターが集い、ときには新たな事業や商品をつぎつぎに生み出している魅力的な人たちを招いて対話し、人と人との想いが重なり合い共演することで、企業はもちろん社会の未来をも切り拓く力が生まれてくることを願い、準備されたのです。

次ページからは、商品やカタログが生まれる現場はもちろん、「しあわせ価値」をさらに高めるために挑戦している文化事業や新業態などについても、ご紹介していきます。

いま、この本を手にされたあなた。

「未来のしあわせな暮らし」を描くフェリシモ定期便が大好きという方。

夢の共演者のおひとりとして、フェリシモさんの誌上見学会をお楽しみくださいい♪

名前の由来

神戸の象徴とも言えるウォーターフロント地区に建築された、青い空に映える魅力的なデザインの建物はなぜ、「Stage Felissimo」と名づけられたのでしょうか。

実は、「Stage Felissimo」という名前には、**フェリシモさんと関わるすべての人々にとって、“しあわせ創造の舞台”となるようにしたい**との思いが込められています。

フェリシモさんが考えるしあわせのかたちは、「ともにしあわせになるしあわせ」。

一方的にしあわせを与えたり、受け取ったりするのではなく、一緒にしあわせを創造し続けていくための大きな場として、この舞台ができたのです 。

この舞台から、すべての新しいことが出会い、ときにはサプライズを起こしたりしながら、新しいしあわせがどんどん実現していきますように。

Prologue

撮影：石居天平さん
（フェリシモ社員）

神戸開港150年を記念するプロジェクトの一環として、神戸市が再開発事業を進めていた「神戸市新港突堤西地区」の一角にあるフェリシモさん。

文化・商業・業務・住宅などが複合的に建てられているエリアであり、再開発事業の受託コンペに立候補するかたちで「にぎわいの創出」を企画しました。

神戸市は2008年に、フェリシモさんからの紹介もあり、アジア圏ではじめてユネスコ認定の「デザイン都市」に選ばれました。

今もその構想の実現に向け、神戸港エリア一帯の開発が続けられています。

もし、店舗販売がメインの会社が本社を構えるなら、お客さまが多い首都圏の街が、有力候補に挙がるかもしれません。その点、通信販売で全国各地のお客さまとつながっているフェリシモさんは、あまり立地にとらわれずに場所を選ぶことができます。

そこで選んだ場所が、神戸でした。

暮らしを豊かにするものを提供するなら、「生活文化の薫りがする場所」がいいに決まっている！と、商業の街と呼ばれる大阪から、1995年に移ってきたのです。

150年ほど前に開港した神戸には、いろいろな海外文化が入ってきて、伝統ある日本文化とほどよく混じり合って、暮らし、ファッション、食べ物などを「ハイカラ」に彩ってきました。そんな生活文化の都である神戸で、フェリシモさんのさまざまな事業は生まれています。

ここは、単なるハコではなく誰もが主役となって舞台に立ち
仲間とともにしあわせを創造する場所です。

Stage Felissimo 誌上ツアー！

このステージにはよい意味での“企み”がインストールされています！

Stage Felissimo南側８階のロゴサイン部分は、「KOBEライトアップDAY」と連携し、神戸の歳時記に合わせた光のメッセージ・神戸らしい夜間景観づくりに協力して、オレンジ、ピンク、ブルーなどにライトアップします。

Stage Felissimo ３Fデッキ部分には、なんとワイン用のブドウ畑が！

プラットファーム

港が見える商談スペース。ステージのような段差があったり、中の様子が見える個室があったりと、活気や刺激にアイデアが、フロア内を伝播していくような白を基調としたデザインです。偶然、出会った他部署の人や、ふと聞こえてきた会話が、企画の芽になることも。

Stage Felissimoホール

1階ホールは最大約270人収容可能。各界で活躍するオーソリティーをゲストとして招くフェリシモ「神戸学校」(p78)の会場として活用するほか、一般にも貸し出しを行い、講演会や記者会見、上映会、音楽コンサートなどにも使われています。

FELISSIMO GALLERY

2階の「フェリシモギャラリー」は、神戸港にいちばん近いギャラリー。「500色の色えんぴつ」の特別展示や、YOU+MORE！の透明傘シリーズ(p22)などを手に持って撮影できるフォトブースの設置など、通信販売だけでは味わえないさまざまな企画をそれぞれ期間限定で展開しています。

フェリシモさんの世界観を直接体験できるリアルエンタテイメントな場所！

f winery［エフワイナリー］

ユニークなワインを研究する都市型小規模ワイナリー。ワイン通の間では知られた「海に沈んだ豪華客船などで引き上げられたワインは絶品！」という逸話を実践するなど、ユニークなワインを研究中。軽食とのマリアージュも楽しめます。

Sincro［シンクロ］

形式やジャンルにとらわれず、プロジェクトごとにメニューが変わるレストラン。新しいスタイルで、食の楽しさを体験でき、窓からの景観として、神戸空港や神戸港に往来する船舶を、また夏には海上花火を臨めます。

felissimo chocolate museum

2021年の開館以来、国内外のチョコレート愛好家やショコラティエからパッケージの寄贈を募り、2024年４月現在約500ブランド・２万2000点以上のコレクションを収蔵している「フェリシモ チョコレート ミュージアム」。

27年以上にわたって「幸福《しあわせ》のチョコレート®」をはじめ、世界のレアチョコレートを紹介し続けてきたフェリシモさんだからこそのミュージアムといえるでしょう。

チョコレートは、世界中にあって、自分用でも贈り物でも楽しめる、人々をしあわせにする食べ物のシンボル的な存在。チョコレートやカカオに関する歴史や文化、ファッションやアートとのつながりなどを収集・編集して、半年ごとに入れ替わる企画展のかたちで発信しています。チョコレートの文化的側面が発見できる新しいミュージアムです。

チケット購入はこちらから。

開館時間／午前11：00～午後６：00
※入館は閉館の30分前まで（年２回、展示替えのための休館日あり）

ふだんのワタシを最高に

＼事業部・プロジェクト・部活……／

商品企画やブランドは
さまざまなところから、芽吹きます！

フェリシモさんのブランド、どれくらい知っている？

♪ファッションブランド
〈Sunny clouds／
IEDIT／シロップ など〉

Sunny clouds IEDIT
SYRUP. Live in comfort

♪手づくり・レッスンのブランド
〈ミニツク／
Couturier（p46）など〉

ミニツク Couturier

♪生活雑貨・インナーブランド
〈L'AMIPLUS／flufeel
キャラクターアイテム など〉

flufeel L'AMI+ L'AMIPLUS

♪フェリシモ部活（p66）

♪プロジェクト
〈日本職人プロジェクト／
Live love cotton PROJECT（p23）／
Her Smile PROJECT〉

BRAND SEARCH

Prologue

毎日の暮らしを心地よく

しあわせを届けるフェリシモさんの商品は、
企画段階からフェリシモさんらしさにこだわっているそう。
ブランドごとで特徴は異なりますが、
以下のような考え方があるとのことです。

たとえば、こんなこだわり①

誰もが好きなものよりも、マニアックに絞ることで、深く刺さる

多数決で多いほうの意見に従っているだけでは、「これ、フェリシモさんでしか買えないよね」という商品を生み出すことはできません。

ニッチなもの、マニアックな嗜好に的を絞るのはリスクが高いように思えるかもしれませんが、フェリシモ「猫部」(p67)のような熱心なファン層に深く刺さるものやコミュニティを巻き込んだ企画開発で、“らしさ”に磨きをかけて商品力を上げています。

たとえば、こんなこだわり②

人の意見を聞きすぎると、〝らしさ〟はどんどんなくなってしまう

商品開発において、お客さまの声に耳を傾けることはとても大切ですが、最大公約数的な要望をかなえようとすると、平均的で特徴のない商品になってしまう恐れも……。

「フェリシモさんらしさ」が愛される商品づくりには、「多数の声」に流されない信念もときに必要となります。

こだわりいろいろ

誰かに教えたくなる！

「ネーミング」

ふだんづかいのファッションに、ちょっぴりプラスされた個性でリピーターを惹きつける着心地、肌ざわりにこだわった「Sunny clouds［サニークラウズ］」(通称・以下／サニクラ)。ありがちなモノトーン服とは一線を画す「魔女シリーズ」は、自分に魔法をかけたい大人女子たちも絶賛。コンプリート魂をくすぐる「くつしたの会」、用途がドンズバでわかる「レジカゴリュック®」など、商品名を見るだけで、「これ、いまの私にピッタリかも？」と思わせる吸引力がすごいんです。

ちなみに、フェリシモさんでよく使われる「〜の会」というネーミングには、「入会して、会員みんなで楽しもう！」という意味があるとか。

サニークラウズ
魔女のくつしたの会

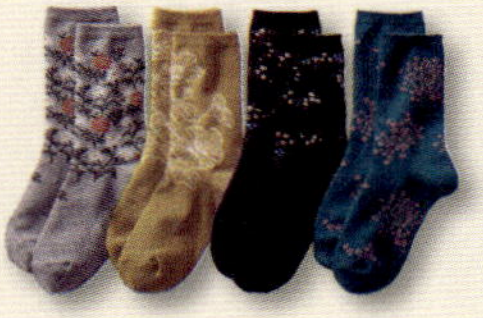

サニークラウズ
くつした植物園の会

ラミプリュス
大量買いもらくらく！
レジカゴリュック〈ポケッタブル保冷〉の会

伝統の和装技術で仕上げる
らほつしぼりバッグの会

六波羅蜜寺《ろくはらみつじ》 空也上人《くうやしょうにん》
称名《しょうみょう》 オープンリングの会

(※)フェリシモおてらぶ
古くから日本の暮らしに密接に関わってきたお寺の教えやその生活文化から、現代の暮らしをいまより心豊かにするヒントを見つけるコミュニティ(部活動)。お寺文化をリスペクトし、お寺のお手伝い、コラボレーション、巡礼108プロジェクトなどを行っている。

Prologue

ブランドごとに

ついつい読んじゃう！

「商品紹介」

フェリシモさんのカタログが大好き！という人の声を集めると、「眺めてうっとりする」という声と同じくらい、まるで小説のように「じっくり読む」という声があがります。きっと、自分の部屋にその商品があるかのように“没入”させてくれるストーリーがあったり、明日からの暮らしが楽しくなる予感を運んでくれるから、ですね。企画した人に「わかるー！」「これ、待ってたのー!!」と握手どころかハグしたくなる、マニアックなポイント紹介もうれしくなります。

旭山動物園・ボルネオの森応援商品 SeeMONO

天気によって結晶が変化するホッキョクグマのストームグラス

360度どこから見てもホッキョクグマらしい頭身バランスになるように何度も修正を繰り返しできあがりました。よく晴れた日には、結晶がなくなり、チャームポイントのぽっこりおなかが見えるかも。朝起きて、まずのぞくのが日課になりそうです。

SeeMONO

ふわふわ寄り添う三兄弟 雪の妖精シマエナガのストームグラスの会

気象条件によってあらわれる結晶が、ふわふわの白い羽毛を思わせます。微妙に表情の違う3羽を並べて飾ると、小枝で身を寄せ合うきょうだいのよう。シマエナガの特徴である黒いしっぽも、ちょこんと再現しました。

おもしろすぎる！

「パッケージ」

フェリシモさんでは、商品が持つテーマ性がパッケージにも染み出してひとつの物語になるような、パッケージデザインにこだわりが強いものもあります。

「お寺」というある意味斬新なテーマを商品に落とし込んでいる、フェリシモ「おてらぶ」(※)の人気商品で、仏さまの頭髪をイメージした「らほつバッグ」は、悟りを開いた仏さまの智慧と徳に敬意を払いつつ、見た目の特徴を愛らしく伝えます。

ほかにも「空也上人 称名　オープンリングの会」という、企画から商品、パッケージにいたるまで、他の追随を許さない超個性的な商品が多々！

体形も障がいも個性にできる ダイバーシティにも思いやり

フェリシモさんのファッションブランドでは、**いろんな体形の人がおしゃれでステキにお洋服を着られるように、とても幅広いサイズ展開**をしています。S・M・Lといったレギュラーサイズはもちろんのこと、「背が低め」の方にぴったりな「スモールサイズ(P)」や、「背が高め」の方にぴったりな「トールサイズ(T)」も設定して、総丈・袖丈や、ウエスト位置、Vネックの開きなどが、**その人の理想に近くなるように配慮**しているのです。

「ダイバーシティ」が唱えられるいま、ジェンダー、人種、体形などにとらわれずに楽しめるファッションが求められ、プラスサイズやマタニティ向けまで展開するブランドも増えてきました。

とっくの昔から、サイズの「ダイバーシティ」化を実践してきたフェリシモさんとしては、着こなしについても多様性を包摂《ほうせつ》するファッションに挑んでいます。

その中でもとくに特徴的なシリーズが、2023年2月にリリースされたオールライト研究所「裏表のない世界」(p28)です。裏表も前後もなく着られるファッションのシリーズで、よく裏表を間違えてしまう方にも、視覚障がいや麻痺などの障がいがある方にも使いやすく、それでいておしゃれに着こなせる、やさしい商品です。

Prologue

①まずは身長を確認

②バスト・ウエスト・ヒップからSMLを確認

	SP	MP	LP	LLP
バスト(cm)	72~80	79~87	86~94	93~101
ウエスト(cm)	58~64	64~70	69~77	77~85
ヒップ(cm)	82~90	87~95	92~100	97~105
身長(cm)	146~154			
	スモール			

身長148cm

Pはプチのｐ

Tはトールのｔ

ST	MT	LT	LLT	3LT
72~80	79~87	86~94	93~101	100~108
58~64	64~70	69~77	77~85	85~93
82~90	87~95	92~100	97~105	102~110
162~170				
トール				

身長169cm

【たとえば】

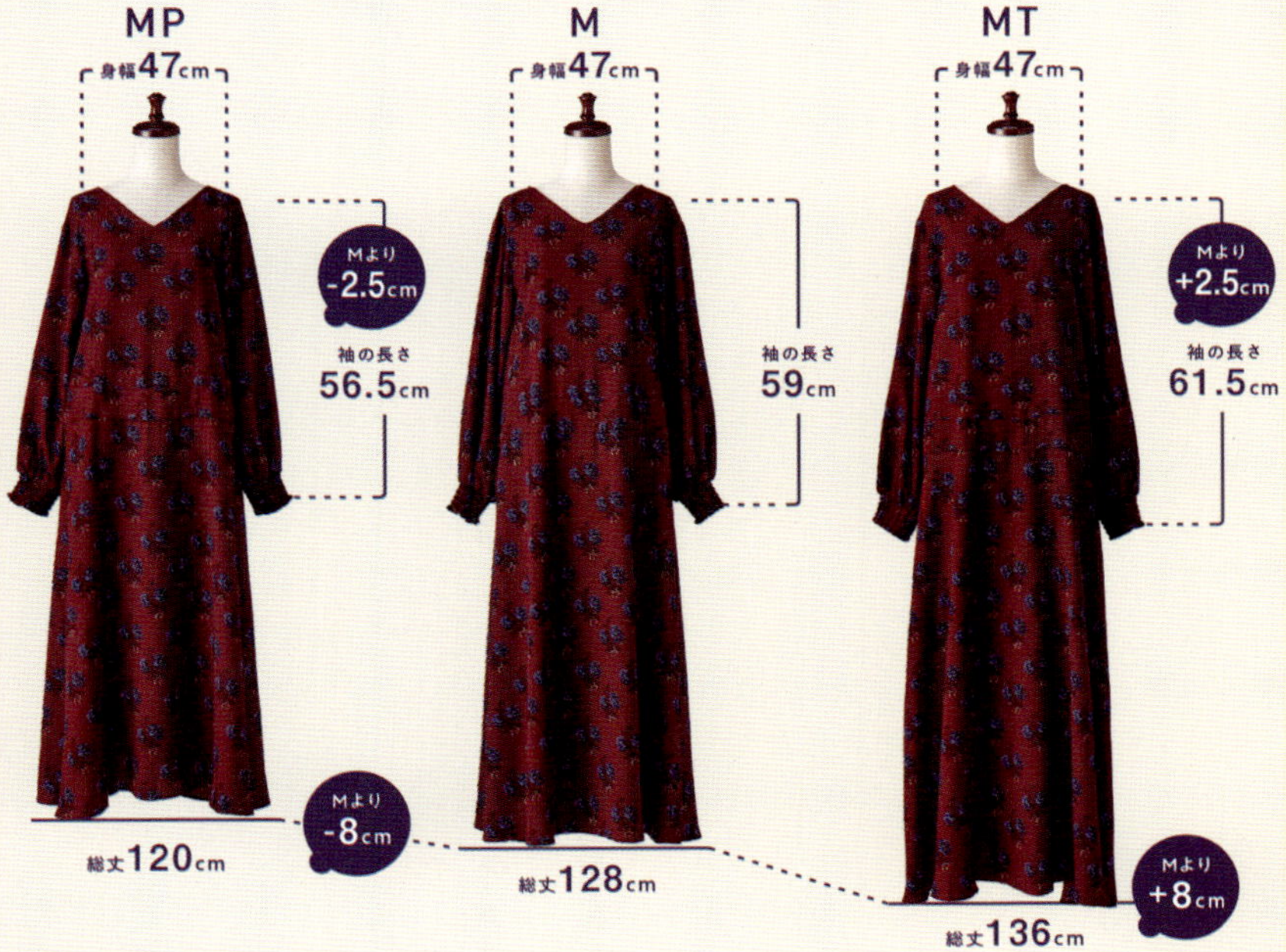

felissimo
fashion news
知ってる？
スモール（P）サイズと
トール（T）サイズ

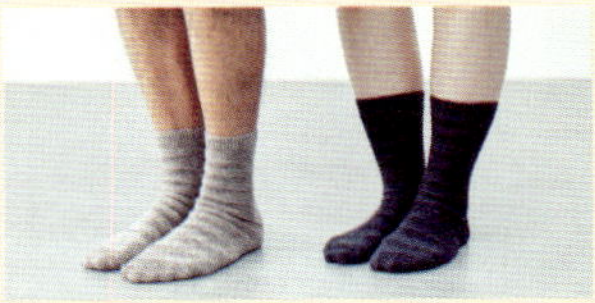

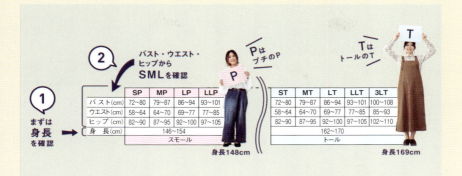

話題商品やプロジェクトたち

おもしろ雑貨「YOU+MORE！」の

デザイン傘シリーズ

これは、使い捨てられない！
雨の日が待ち遠しくなる透明傘

2014年に発足した「YOU＋MORE！[ユーモア]」は、その名の通り、日常がもっと楽しく、もっと笑えるように、誰かと一緒にいる時間が、もっとオモシロくなるユニークなアイテムを届ける雑貨ブランドです。たとえば、以前なら急な雨をしのぐために仕方なく購入していた「透明傘」もその透け感を生かし、「雨空を泳ぐ ミズクラゲの傘」として2020年４月に打ち出しました。水管の美しい並びや、傘のつゆ先を感覚器に見立てるなど、クラゲ好きさんが喜ぶマニアックなこだわりが細部にほどこされているのは、クラゲ展示種類世界一を誇る、山形県の加茂水族館とのコラボ商品だから。それでいて、ぱっと見は雨の日のファッションとして使いやすい水色グラデーションのキレイな透明傘……というあたり、フェリシモさんにしかできない、絶妙なさじ加減ですよね。

2021年４月には、レトロな雰囲気のステンドグラスをモチーフにした「広げればあこがれの世界　大正ロマンなステンドグラスの傘」が誕生しました。レトロな椿と幾何学模様を組み合わせた柄は洋服・和服どちらにも似合うと大好評を得て、シースルーソックスなど、ファッション雑貨も展開することに。2023年１月発売の「雨空に咲きこぼれる　紫陽花の傘の会」では、全国の紫陽花の名所で無料貸し出しを実施。「#紫陽花傘フォトコン」のハッシュタグでフォトコンを開催し、見慣れた日常を楽しくしてくれる、ユーモア雑貨の実力を直接感じてもらう場になりました。そして2024年には藤棚の傘が登場！ ますます盛り上がりを見せています。

雨空を泳ぐ　ミズクラゲの傘

色のグラデーションで透明感を表現。X（旧Twitter）でのポストが20万いいねを獲得するなど、発売後の反響からも「ユーモア」の力を感じます。

Prologue

フェリシモさんならではの歴代の生産者支援

**ファッションの素材が生まれる生産地から
よりよい“あり方”を模索する地球大のコラボ**

フェリシモさんには数々のコラボ商品があります。たとえば、「Live in comfort［リブ インコンフォート］」(通称・以下／リブ イン)の「はまじとコラボ」は、モデルの浜島直子さんがカタログの誌面やWEBサイトに登場されることもあり、お客さまから見えやすいコラボのひとつかもしれません。一方で、商品を手にしただけではわかりにくい、生産者さんとのコラボ企画もあります。2020年に発足した「Live love cotton PROJECT」(LLCプロジェクト)はその一例です。インド産のオーガニックコットンを使った商品に、100円の基金を付けて販売することで、**「コットンを作る人から着る人まで、コットンを育む地球大の“ともにしあわせになるしあわせ”」**を目指します。

迷ったら、少しだけ遠くの誰かを思って商品を選んでみる……そんな、無理のないアクションを、「フェリシモ定期便」という仕組みにのせた支援のかたちです。

寄付金の使い道は、大きく三つあり、①オーガニックコットンの栽培地であるインド・マディングパダー村での有機農法の支援。②学校に給食用の畑をつくるなど、子どもたちが学ぶ機会を増やす。③インドの女性たちが綿花栽培の閑散期に刺しゅうの技術で収入を得るためのトレーニングを行う、など収入向上のための支援に使われます。

今では、主流だったTシャツに加え、織柄のプルオーバーやニットトップス、布帛《ふはく》のブラウスやワンピース、刺しゅう付きの商品などがずらり。オーガニックコットンの認知が広がり、素材の表面感、生地の織り方などバリエーションが増えた成果です。

こうした支援で大切なのは長く続けることですが、流行に左右されやすく、販売商品が短期スパンで入れ替わりがちな、ファッションアイテムとの組み合わせは難しいことが多いもの。その点、リブ インには麻混素材や綿100%のダブルガーゼなど、着心地が良い天然素材をメインにロングセラー商品がたくさんあります。継続的な購入が支援の持続性につながるといいですね。

LLCプロジェクトについて。プロジェクトの説明や原料のバックボーンなどについて、ていねいに説明されています。

チャレンジド共《きょう》働《どう》

障がいのある人が困っていたことは
実は誰もが共感する隠れたニーズだった！

フェリシモさんの「C.C.P［チャレンジド・クリエイティブ・プロジェクト］」は、ICTを駆使してユニバーサル社会を目指す、社会福祉法人プロップ・ステーションを主宰する「ナミねぇ」こと竹中ナミさんとの出会いをきっかけに、福祉事業所・クリエイター・メーカー・NPO・お客さまといった方々とともに、「チャレンジド（障がいのある方のポジティブな呼称）」の持つ個性や能力を価値とするプロジェクトとして2003年にスタートしました。

当時、福祉事業所の商品は「障がい者がつくったので買ってください」というスタンスで、バザーなどで安価に販売されていることがほとんどでした。「ほかにない、ていねいで味のあるあたたかな手仕事の魅力を、マーケティングや商品企画の力で付加価値として高めれば、もっと多くのお客さまに響くのでは」と共働プロジェクトに乗り出したのでした。

2019年に「C.C.P」からリリースされた、「スペシャルニーズサポート」シリーズは、「障害のない社会をつくる」というビジョンのもと、就労支援事業や教育事業を展開する株式会社LITALICO（本社：東京都目黒区）との共働開発アイテムです。

発達が気になるお子さんの保護者や支援者向けポータルサイト「LITALICO発達ナビ」で実施したアンケートや座談会で寄せられた声をもとに、「C.C.P」のプランナーが発達障がいのある方の暮らしをサポートする商品を企画。「バッグの中身が迷子になる」「手先が不器用なので、レジ前でモタモタしてしまう」「感覚過敏なので、服のチクチクが気になる」といった悩みを解消してくれるグッズへと落とし込むと、発達障がいのない人たちからも喜ばれる商品になりました。「C.C.P」は、ものづくりを通して、障がいのある人もない人も、みんなが持っている力を発揮し、誰もがボーダーレスにつながる社会の実現を目指し続けています。

ポケットの中が見える
メッシュリュックインナーの会

障がいのある人も、ない人も、笑顔でつながる障がい者支援・バリアフリーのプロジェクト「C.C.P」

Prologue

手づくりで贈りもの

“しあわせの循環”を“つくる人”になれる「フェリシモ ハッピートイズプロジェクト」

手づくりブランド「クチュリエ」(p46)が、お客さまと30年近く一緒に取り組んでいる「フェリシモ ハッピートイズ プロジェクト」。「手づくりで世界中の子どもたちを笑顔にしよう」を合言葉に、お客さまに毎年変わるキャラクターを手づくりいただいたぬいぐるみ「ハッピートイズ」を国内外の子どもたちに贈り届ける取り組みです。はじまりは、阪神淡路大震災後の1997年に「おうちに眠っている思い出の布を10㎝角にカットして送ってくださいませんか」というお客さまへの呼びかけでした。すると全国から集まった布の数、なんと３万枚。「この布でぬいぐるみをつくって、クリスマスツリーに飾ったら、被災した神戸の街の人たちに笑顔と灯りを届けられるはず」というアイデアが生まれ、つくり手を募集したところ、たくさんのお客さまが名乗り出てくださって、1,100体のクマのぬいぐるみが集まったのです。

最初は、パッチワークのぬいぐるみからはじまり、その後、編みぐるみなども加わって、誰でも参加しやすい取り組みへと広がっています。

これまでフェリシモさんに送られたぬいぐるみは、65,000体を超えているのだそう。並べてみると、同じ型紙でつくっているとは思えないほど、どの子も個性豊かでとってもかわいい！ 布の選び方や表情も全部違って、中にはウインクをしている子まで。つくり手さんの思い入れを感じます。

展示が終わったぬいぐるみは、保育園や児童関連施設のほか、海外の被災地や難民居住区の子どもたちにも届けられます。手づくりのぬくもりがつまったぬいぐるみを受け取った子どもたちは、満面の笑顔になるのだそう。フェリシモさんに送らなくても、自分で身近な人を笑顔にすることもできる、ハッピートイズ。手づくりでつくる人も受け取る人も笑顔になる。そんなしあわせの循環づくりに参加してみませんか！

2024
つぶらな瞳のこじかちゃん

黒目がちな瞳に、愛くるしさと力強さをたたえる「こじかちゃん」。パッチワーク、編みぐるみ、くつした＆手ぶくろリメイクの３つから選べます。

見るものすべてが欲しくなってしまうような、
フェリシモさんのこだわり抜かれた商品。
ただ、その「こだわり」——商品だけでは、ありません！
商品名、カタログ、お届け箱あるいは伝票にまで（！）、
さまざまな「こだわり」がぎゅっぎゅっと詰まっているのです。
そんな「こだわり」が生まれた背景には、
フェリシモさんのどんな文化があるのでしょうか……？
さまざまな担当者さんにインタビューしました！

Chapter.1

お買い物がさらに楽しくなっちゃう♪

商品・カタログ・お届け箱 誕生へのこだわり

「裏表のない世界」

裏表のない世界

誰もが持つ弱みや苦手やコンプレックスが 便利、ラクチン、使いやすいのヒントに！

フェリシモさんのカタログには、日ごろ感じている、ちょっとした「お困りごと」を解消してくれる商品がいろいろと載っています。

たとえば、〝予防家事®〟という新習慣を提案しているハウスキーピングブランド「Once a day［ワンスアデイ］」には、手にはめてなでるだけで部屋中のキレイをキープできちゃう「手のひら掃除ミトン」や、1枚ずつシュッ！と素早く取り出せる「ミニごみ袋」などなど、年中休むことのできない〝さまざまな家事〟を、簡単に負担なく続けられる便利グッズがそろっているので、フェリシモ定期便でリピート買いしている人も多いはず。

さらに、ファッション雑貨にも、〝ずぼら〟を気にせずに着こなせるプロジェクトがあるんです。それが、「オールライト研究所」の「裏表のない世界」シリーズです。たとえば、「みんなにやさしくかっこいい 裏表前後ろのないすっきりフィット靴下」は、裏返っていたり、左右逆だったり、かかとがずれたり……、靴下ストレスあるあるを、つま先の縫い目、かかとのない靴下が解決します。ホールガーメント®で編んでいるから、ぐーんと伸びてフィット感も抜群です。

しかも、裏表同じ見た目になるよう凹凸に編んだボーダー柄もさりげなくおしゃれに着こなせます。

GOOD DESIGN AWARD
2023年度受賞

グッドデザイン賞受賞！

オールライト研究所

「裏表もそして前後もない服」

「どの向きでも履けるから、かかとだけが薄くなるのをやわらげることができるし、片方だけ買い替えることもできるので、環境にもお財布にもやさしいんです。靴下のほかにTシャツとパンツもありますよ。服や靴下を裏返したまま洗濯カゴに入れちゃうことってけっこうあって、家庭内でケンカの原因になったりしますよね。そういうささやかなストレスも、毎日の暮らしの中からなくなればいいなと思って企画しました」と、プロジェクトリーダーの筧麻子さん。

ふだんはIT推進部でWEBビジネスに携わっている筧さんがファッション事業部の商品企画にチャレンジすることになったのは、2021年4月の神戸学校がきっかけでした。（p32に続く）

ARL
ALLRIGHT LABORATORY BY FELISSIMO
オールライト研究所

「裏表のない世界」ができるまで

01

「オールライト研究所」のメンバーでミーティング

「誰でも何かのマイノリティである」という視点から、めいめいの“お困りごと”や“弱みやコンプレックス”を打ち明けて、それを生かすアイデアを出し合う。

例 どこに行っても道に迷ってしまう

「迷い散歩」ができるかも？

例 ミートソースなどをとばして服を汚してしまう（シミがつく！）

最初からとばしたシミ柄のTシャツがあれば……

例 たたんでいない洗濯物が山積み

かぶせるだけで本物の山に見える風呂敷を作ろう！

02

“ずぼら”や“おっちょこちょい”の人にもやさしい服を深掘り

靴下を裏返しのままにしてしまう“ずぼら”さん。
服の前後、表裏を間違える“おっちょこちょい”さん。
こんな方のニーズを探るため、

- 社内の自称「ずぼらさん」にアンケートを実施。100名以上が回答し、少人数での座談会も開催。
- 澤田智洋さん(p32)から紹介を受け、障がいのある人などのニーズの確認やモニタリング。

03

仮称「どっちでもいいアパレル」の仕様を検討

- 「リバーシブル」との違いがあきらかに。
- 裏と表が同じになるよう、柄、縫い目、タグやポケットの位置などを工夫。
- メーカーとの折衝や調達、媒体の制作などを担当してくれる人を社内で募集。研究員が6人から10人に増員。

04
正式名称「裏表のない世界」と最初の3アイテムが決定!

・季節や着る人を限定しないTシャツ、靴下、パンツ。
・素材選び、製造を委託するメーカーに相談。
靴下は、ホールガーメント® の編み機がある会社と新たに開発。

裏表のない世界

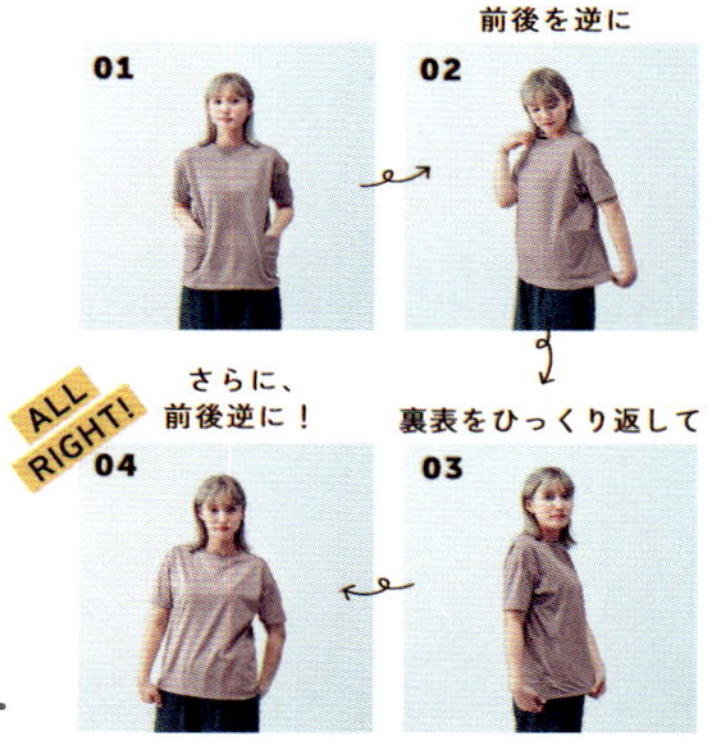

05
モニター試着⇔修正を繰り返す

保育士さんや介護士さんなど、動作の多いお仕事をされている方や、車いすユーザーの方にもモニターとして試着してもらう。

最後は、試着ではなく「１週間着て過ごしてもらう」ようお願い。

06
澤田さんと一緒にプロモーションを企画

オールライト研究所という名称も澤田さんの発案。

メンバーとモニターさんの写真を撮るときは、「あえてキリッとしたものも撮っておいたほうがいい」などとアドバイスをいただきながら、イメージムービーを撮影。

やや青みを強くして、都会的なアパレルらしい仕上がりに。

07
2023年2月14日～ 発売

発売後も、WEBを通じて６カ月間、購入者から使用感などに関するアンケートを集める。「通学用に白の靴下が欲しい」というお客さまからの声に応えて、2023年10月に靴下の新色を追加。

08
さらなる新作へ向けて

既存品への感想を参考にしながら、より着心地が良く、洗濯を繰り返しても毛玉ができにくい素材への、切り替えなどを検討中。

リバーシブルのお得感とは違う

まったく一緒という価値

オールライト研究所／はじめの一歩「裏表のない世界」

2021年の神戸学校は、「登壇者と何か一緒にできないか模索してみよう」という年間テーマ（p80）でした。

そこで白羽の矢が立ったのが、「全ての『弱さ』は社会の伸びしろ」をテーマに講演された、「マイノリティデザイン」という考え方を発信しているコピーライターの澤田智洋さん。フェリシモさんは、社会性があり独創的な商品を企画販売する事業に注力しているため、社会の中でマイノリティーとされている方々を大切にする、澤田さんの考え方は非常に共感できるものでした。

筧さんら6名の社員が、自分たちの弱みやコンプレックスを生かして商品やサービスを生み出すことで、「そのままで楽しい、そのままが楽しい暮らし」を実現できればいいかも！という話になったそうです。

〝ずぼら〟でもオーライ！ でも……

ただ、なかなかハードルが高いプロジェクトのため、最初の取り組みはまず、実現可能性が高そうなことから着手しようという流れに。

集まった6名の中に、リバーシブルアイテムの制作やC.C.P（p24）で、車いすユーザーのための〝かかとのない靴下〟を作ったことがあるメンバーがいたので、まずは経験を生かせるアパレル開発にチャレンジすることになりました。

「はじめは、ずぼらで洗濯の際に衣類を裏返さなかったり、おっちょこちょいが前後を間違えたりしても大丈夫という意味で、『どっちでもいいアパレル』という仮コンセプトを立ててました。これが、いざはじめてみると、『裏表がない』のと『リバーシブル』とは、つくり方も提供できる価値も、まるで違っていたんです……。一つの商品により多くの機能を持たせることで商品価値を上げよう！というのは、開発の王道ですよね。リバーシブルとか、一台三役とか、いろいろあるじゃないですか」と筧さん。

ところが、

「『社内のずぼらさん』や障が

いをお持ちのモニターさんたちに、リバーシブルで使用できる商品についてのお気持ちをヒアリングさせていただくと、『間違えて、好きじゃないほうの柄を表にして着てしまうのはイヤだ』とか、『まったく同じにしてくれないと、上下で合わせるときに困る』と、否定的な意見が返ってきたんです。まったくの予想外でした」

価値観をリセットしてみると、素材によって裏表がはっきりしているものや差がないものがあることや、その差による着心地の違いなどが見えてくるように。

また、脇の縫い目やポケットやタグの位置、そで口やすその始末など、ちょっとしたことが着心地を大きく左右するのだと気づかされます。

当たり前になっていた、「ウエストにひもを通して前で結ぶ」や「ポケットは左胸に」「パンツはヒップ側をゆったり」「襟ぐりは前を深く」なども、〝正解〟ではありませんでした。

とくに大変だったのは、プランナーが経験を生かせると思っていた靴下です。

つま先の縫い目を完全になくし、裏表が同じ柄になるようにするためには、編み機を変えること、つまり製造を委託するメーカーを変えることからはじめなければいけませんでした。いつもと勝手の違うプロジェクトに、メンバーたちが戸惑いをみせる中、IT関連ではかなりの経験を積んでいますが、企画に関しては予備知識や経験値がな

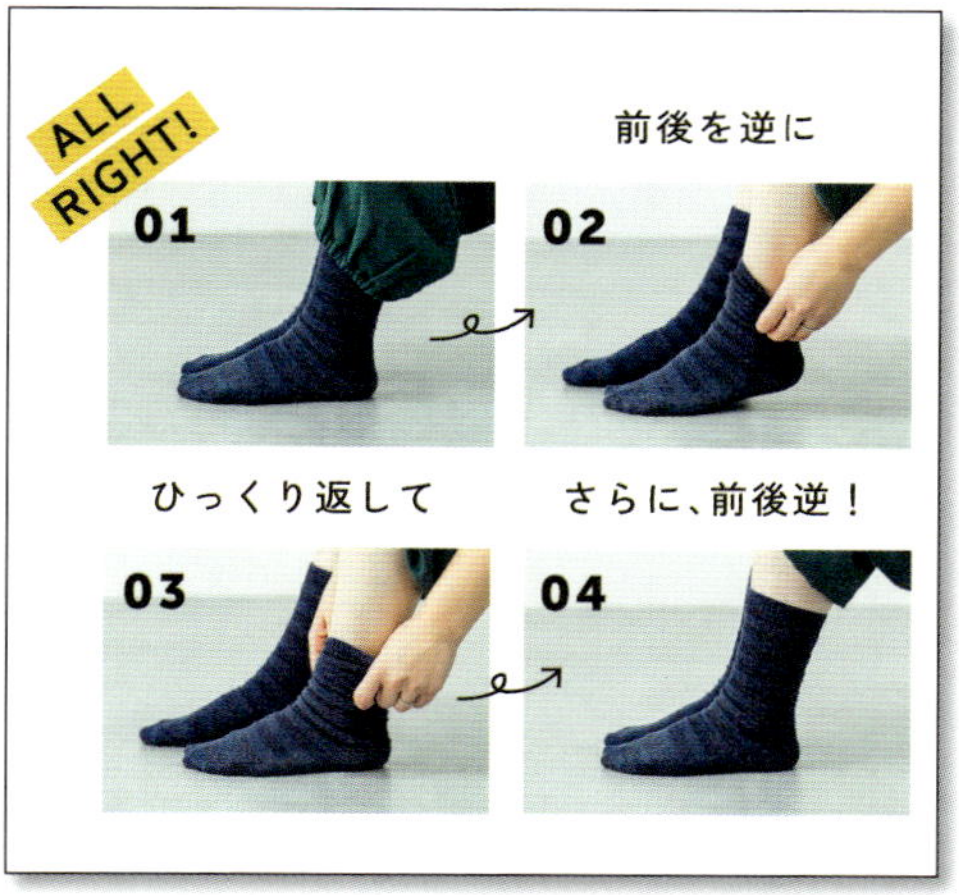

オールライト研究所　みんなにやさしくかっこいい 裏表前後ろのないすっきりフィット靴下〈片足〉

※開発の紆余曲折は、noteで公開されています

い覧さんは、新人のような気分でチャレンジを続けました。

「試作品に対して、ちょっと辛口の意見を率直にいえたのは、私自身に開発の経験がなかったからかもしれません」と振り返ります。

こだわったのは、機能性だけではありません。

靴下に杢調《もくちょう》のデザインを入れたり、Tシャツをニュアンスカラーにしたり、パンツは売れ筋のシルエットやダブルガーゼの素材をセレクトしてエイジレス・ジェンダーレスで履きやすいシルエットに調整したり……と、フェリシモさんらしさを加えることも忘れませんでした。

「作品」ではなく「製品」をつくって届けることが大事

何度も何度も、モニタリング↓修正を繰り返した末、最終サンプルは、1週間着て過ごしてもらうことになりました。

そのとき、「いい商品だとは思うけど、ふだんは着ないかな」と最初のヒアリングで話していた、モニターのおひとりである大胡田誠さんにも、サンプルをお送りしました。

生まれつき弱視で、先天性緑内障により12歳のときに失明。2006年に司法試験に合格し、現在は弁護士として活躍する大胡田さんは、その職業柄、カジュアルな服を着ることがめったにありません。

「小さいころから訓練しているから、手で触れば裏表はわかるし、別に不自由はないとおっしゃってたんです。でも1週間後にお会いしたら、『裏表を意識しないことは、こんなにラクなんだね』と。着用して外出もされたと伺って、本当にうれしかったですね」

また、発売後にWEBで募集した使用感などに関するアンケートからも、さまざまな方がコンセプトに共感して購入し、それぞれの価値を見つけている様子が伝わってきました。

「気にしなくてもいいはずなのに、ついつい手に取った瞬間、裏表や前後を確認しそうになる」という晴眼者の方もいれば、

GOOD DESIGN AWARD
2023年度受賞

発達障がいのあるお子さまのために購入し、「この靴下ならかんしゃくを起こしません」とおっしゃるお母さまも。

　そうなんです。

「裏表のない世界」のアイテムたちは、たったひとりの〝ずぼら〟さんのお困りごと解消のために、オーダーメイドされた「作品」ではありません。

　〝ずぼら〟じゃない人にとっても、何も気にせずリラックスして着こなせる汎用性のある「製品」になったから、手に届く価格で、いつでも、欲しい人のもとにお届けできるのです。これが、フェリシモ「オールライト研究所」が創り出した新しい価値なのです。

「（2023年に）グッドデザイン賞をいただいたことで、GOOD DESIGN STORE TOKYO（丸の内）でも販売できたり、東京ミッドタウンでの受賞展で展示したりしたことで、フェリシモのことを知らない首都圏の方やインバウンドのお客さまにも需要があることがわかりました。また、メディア取材を通じて福祉系のイベントに参加する機会がありましたが、障がいのある方や認知症の方、その支援者やご家族のみなさまに、商品を手に取って見ていただけたことは、すごくいい機会だったと感じています。つくり方も届け方も、まだまだ私たちだけでは気づけていないこと、足りない視点が、たくさんありますから」と筧さん。

　いま、この本を手にしているみなさまも、「裏表のない世界」の服に興味がわいたら、「オールライト研究所」の着想と活動に参加して、インクルーシブで持続可能な商品づくりの仲間になってみませんか？

ヴィンテージマインドを受け継ぐ、今の服 MEDE 19F

柏木花菜子さん＆三宗千尋さん

MEDE19Fが提案する
世界観が楽しめる
Instagram

２０１７年秋にスタートした、ファッションブランドMEDE19F［メデ・ジュウキュウ］。コンセプトは、「愛でるように。ヴィンテージマインドを受け継ぐ、今の服。」。

「いつだって自分らしいおしゃれを楽しみたい！」というニーズをかなえつつ、つくられたモノの背景にも思いをはせながら長く愛し続けたい……。

そんな思いをかたちにしたブランドなのです。

「好き」で集ったメンバーで愛着をつなげる新ブランド

「ヴィンテージアイテムが良いのは、古きよき時代だからつくれた『伝統』や『手仕事感』や、誰かの愛着があったからこそ、いままで残ってきたんだというヒストリーが感じられるところ。そういうマインドを私たちのモノづくりに反映させたい」と語る、MEDE19Fのブランドリーダーの柏木花菜子さん。

時代の変化やお客さまのニーズに合わせて、ファッション事業部がリブランディングを検討する中で、『トレンドが変わっても好きなものは好き、という人に向け、古きよきものから着想を得たデザインをもとに、愛着を持って一枚の服を愛でるように長く着続けてもらえるように』という思いが、MEDE19Fというブランドを立ち上げるきっかけになりました。初期メンバーは、ファッション事業部の中から私を含めて3人が兼務の状態で集まりました。どんなお客さまに対して、どういう提供価値をつくるかというコンセプトを固めてから、デザインや商品調達、ビジュアル制作や販売

MEDE19F
チャーチスモック風
ワンピース

など、必要となる役割を担うメンバーを集めていきました。メンバー探しの基準は、MEDE19Fのコンセプトを理解してくれて、好きを共有できそうな人。まさにそんなメンバーに恵まれて、みんなで意見を出し合いながらブランドをブラッシュアップしていきました」

生産条件と希少価値を両立するむずかしさ

現在、商品企画の中心となっているのは、柏木さんと同年代の男性社員の2人。

古いレースものやヴィンテージファブリックなどが大好きな柏木さんと、ミリタリーっぽいアウターや古着のディテールにこだわりを持つ彼とは、お互いの得意を生かした企画ができているそうです。

たとえば柏木さんは、実際に教会の司祭が着ていたようなチャーチスモックを、いまの時代にも合うようにリデザインしてみたり、いまでは世界でも限られた台数しか残っていない、リバーレース機で織り上げられた希少な「リバーレース」を洋服に使えないかと工夫してみたり、18～19世紀のプリントや織物の柄をそのままテキスタイルに再現したり……と、かたち、素材、サイズ感の見直しをして、現代の服に落とし込むチャレンジをしてきました。

ただ、あまりにも愛やこだわりが強すぎて、フェリシモ定期便での生産条件に対して価格が合わない、納期に間に合わないといった弊害が出てしまうと困ります。

「希少なものほど時間がかかったり、素材そのものを仕入れできる数が限られたりと、いろいろな制限がありますが、お客さまが期待する『値ごろ感』から大きくかけ離れないようにすることも大事です。私たちが、きちんと付加価値を上げる努力をしていることが、お客さまに伝わっているかどうかを考えながら、高めの価格の商品ばかりでなく、お買い求めいただきやすい商品もあるよう、商品全体のバランスを見ながら構成しています」

コラボによる大ヒット商品で知名度がアップ

2019年、MEDE19Fにとってターニングポイントとなる大ヒット商品が誕生しました。

富山県でプライベートサロンを経営し、Instagramなどを通じて海外からも注目を浴び、全

MEDE19F
クリムトの世界をまとう
ネイルシールの会

国各地からファンが来店する、ネイリスト・大森莉紗さんの描きおろしによる、『ジェルネイル風シール』のMEDE19Fコラボレーションシリーズです。

　大森さんとのコラボ商品を企画したのは、三宗千尋さん。

　雑貨、ファッションの商品企画を経て会社全体のPRも任されるようになった三宗さんは、「このブランドには、このクリエイターさんが合うと思う」「○○さんは、このプロジェクトに参加したらいいよ」と、ヒト・コト・モノを越境してコラボを生み出す役割を担っています。

「有名な画家の絵をモチーフに、大森さんが繊細なタッチで描き起こしてくださるネイルシールは、すでに第7作まで続いている人気商品です。初回作『クリムトの世界をまとうネイルシールの会』が、想像を超えるヒットとなったことで、はじめてフェリシモでお買い物をされた方や、MEDE19Fの存在を知ってくださった方が増えました。ホント、三宗さんの企画のおかげです」と柏木さんが感謝を伝えると、三宗さんも「新しいお客さまに出会えたことはもちろん、ネイルシールは毎月楽しんで買っていただける商品なので、7回シリーズの間に認知度が上がり、リピートしてくださる方が増えたのも良かったです。ネイルアートはInstagramと相性がいいので反響を多くいただくこともできました」と当時の盛り上がりを振り返ってうれしそうです。

　2人は、2023年の新カタログ『GO! PEACE!』(p134)でも、ふだんのMEDE19Fとはちょっと違った、新しい可能性を切り拓く企画に挑みました。

　それが、〝つくり手とのつながりを感じながら、気持ちよく着られる服〟をつくることでした。

　「これはMEDE19Fに限らない話ですが、目的によってコラボする相手は違うと思っています。ネイルシールのときは、作家性が高くSNSでフォロワーの多い大森さんと組むことで認知度アップにつながればと思いましたし、神戸のヴィンテージショップ『Boutique888(ブティッククミツバチ)』さんとの連携は、商品の価値を最大化するために

MEDE19F
Boutique 888さんコラボ
バテンレース遣い
ラッフル衿ブラウス

リアルショップの知見をお借りしています。そして『GO！PEACE！』に掲載するための商品は、トレーサビリティーを追求されているメーカーさんとコラボするのが、MEDE19Fというブランドの想いを伝えることにプラスになると考えました」（三宗さん）

つくり手とのつながりを感じながら着られる服とは？

MEDE19Fでは、『GO！PEACE！』でカシミヤ混のニットを取り上げました。

「カシミヤ」と聞けばふんわりと滑らかな極上の手ざわり、といったイメージから世界的にも需要が高い一方で、偽装品の流通や生産地からの搾取といった悲しいうわさも耳にし、「着心地はよいけれど……」と、正直心に引っかかる部分もあります。そのため『GO！PEACE！』では、その引っかかりを払しょくする商品開発をすることを決意。

ようやく草原で牧民さんとカシミヤヤギを健康に育て、さらには紡績から編立までを一貫して自社で取り組まれているメーカーが見つかりました。

しかし、自然相手のものなので仕入れの数量が限られてしまううえ、慣れた取引先との交渉とは違う難しさもあります。

「これが通常のカタログ販売での話だったら、あきらめていたかもしれません。ただ、『GO！PEACE！』だったら価格が多少上がっても、こだわり（価値）を前面に出そうと、チャレンジしました。結果としては、やってみてよかった！　当初用意していた数が足りないくらいのご注文があり、伝わったんだな、求めてくださる方がいるんだなということがわかりました。たとえ購入にいたらなかったとしても、『GO！PEACE！』の商品紹介を通じて、生産背景について知ってもらう機会が生まれることもまた、大切だと思っています」（柏木さん）

これからは、ブランドの枠を越えた商品展開や、ファッションブランド発のグッズ開発などもやってみたいと、ワクワクが止まらないお2人でした。

MEDE19F
極上の肌心地に包まれる
シルクカシミヤ
ニットスキントップス

誰も知らないぜいたくを味わってほしいと思ってます

幸福《しあわせ》のチョコレート®／チョコレートバイヤーみり

新しいショコラティエの発掘や商品の買い付けに世界中を飛び回る合間にも、テレビやラジオ番組への出演や雑誌の取材、学校での講演などに引っぱりだこの「チョコレートバイヤーみり」こと、木野内美里さん。

　取材の合間にふと開いた手帳には、スケジュールがぎっしり。いやはや、すごいご活躍ですね。

木野内美里さん

全身をチョコでまとめている!「チョコレートバイヤーみり」さん

「夢のようです。商品の企画をするだけで、社会とつながれるんですから。入社する前から、フェリシモってええなぁと思ってました。基金の仕組みも、『森部』の植林活動もステキやわぁって。一度でも会社に行ったら、どっぷり沼ってしまいそうやから、採用されたことに戸惑ってすぐに出社しなかったくらいです。総務から電話かかってきたんで行ったら、思ったとおりの沼で、今でも沼のまんま。とくにチョコレートは、とてつもないパワーありますし」

　他社で商品企画の仕事をしていたみりさんがフェリシモさんに転職したのは90年代中ごろ。まだ、バイヤーという職業も、ショコラという名称も世に広まっていませんでした。

　そして、商品企画として最初に担当することになったジャンルは、チョコレートではなく豆腐や干物などの食品全般だったのです。

「地味、でしたね。2個しか売れなかった月もありました。だけど私は、阪神・淡路大震災のときに『自分は無力で何もできへん』と心底思い知ったから、目の前のことを精一杯やって、何でもいいから社会の役に立ちたいと願って続けました」

　そして2010年、『しあわせつながるピースフルティータイム』という基金付きのお茶企画で大ヒットメーカーとなったみりさん。利き茶のスキルを身につけて、スリランカのオークションに出入りを許されるまで

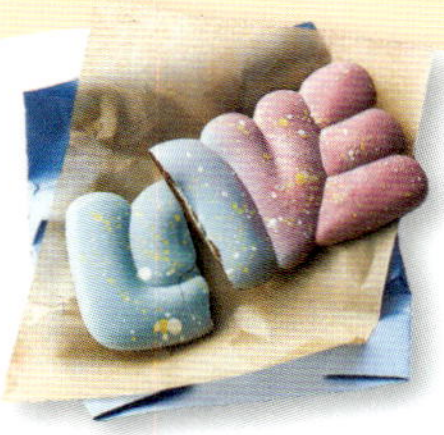

に。そのまま、お茶の道を究めるかと思いきや、予想もしない出会いがやってきます。

「定番カタログのほんの片隅に載せるからと、チョコレートの企画を少しやっていました。チョコレートが好きだから？　いえ、別にそういうわけじゃなく。最初は2ページ程度を挟むだけだったと思います。が、お茶にはないパワーを感じました。何ていうんやろ……圧？熱？お客さまの『もっともっと！』という気持ちが、ダイレクトに私を突き上げてきて、まるでカタログの向こうから、手がのびてくるようでした」

スケッチブック片手に最強のチョコレートを発掘

そんなみりさんは、気がついたら「チョコレートバイヤーみり」と名乗り、1回だけだと思っていた海外への買い付けも、評判を呼び毎年行くようになりました。

そのころ、ちょうど、外資の高級チョコレートブランドが日本に上陸しはじめ、国内メーカーとの競争がはじまっていましたが、フェリシモさんのお客さまが求めていたのは、もっとニッチなチョコレートでした。

「インターネットもいまほど普及していませんでしたし、誰かに習おうにも、バイヤーのお手本となる人もいません。ひたすら〝おチョコさま〟を先生に突き進んできました。会社員だからといって敷かれたレールの上を進むのではなく、『私の仕事』をしたいと思っていたので、3歳のころから描き続けてきた絵を使ってオリジナリティーを出しました」

高校から美術科、大学も美術系だったみりさん。ローカルな街の個人店を訪ねては、ショコラティエに似顔絵を描いて渡し、チョコレートの魅力もイラストで表現。

文章を書くのは苦手でしたが、「ネットで検索したら出てくるような表現はしたくない」と、

みりさんのスケッチブック。
イラストもと一っても素敵です!!

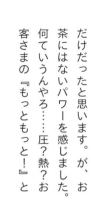

お笑いライブやプロレスを見て、インパクトのある表現をメモしまくったとか。でも、お笑いはともかく、プロレスってジャンルが違いすぎません？

「チョコレートの持つ非日常的な魅力や、人を惹きつけるパワーの圧倒的な強さを表現するには、プロレスがぴったりやったんです。ただ、校正で何度もはねられました。『これは、食べ物には適さない表現』ってね」

すったもんだを繰り返し、年一度リリースされる『幸福《しあわせ》のチョコレート®』カタログは、年々、大きな反響を呼びました。

カタログでは、商品としてのチョコレートの素材や味についてだけでなく、その街の様子やショコラティエの睫毛《まつげ》の長さに見惚れたエピソードまで、写真はもちろん文章やイラストでも伝えます。バイヤーである自分が見聞きした情報こそが、お客さまにとっていちばんのぜいたくだと、知っているからです。

「最初に感じた、圧！熱！に応えるために、まだ、誰も知らないぜいたくをカタログにねじ込むことで、みなさまにも味わってほしい！という熱い思いでカタログをつくっています」

「神戸がチョコレートの街」になることが夢

もちろん、バイヤーになってからの28年間、楽しいことばかりではありませんでした。

輸送中にチョコレートが溶けたり割れてしまったりのトラブルなどは日常茶飯事。チョコレートの到着遅延や不具合の可能性があれば、心待ちにされているお客さまの期待を裏切ることになるので胃がキリキリと痛みます。実店舗ならさほど問題にならないパッケージ変更も、通販では「カタログの商品と違う」という問い合わせにつながることも。

「もう辞めてしまいたいと思ったこともあれば、ショコラティエに対して『どうして言った通りにできないのか』と怒っていたこともあります。でも、臨床美術（※）と出合ったことで、〝みんな違ってみんないい〟ということを実感し、お客さまに対する説明のしかたも、世界中のショコラティエとの関わり方も変わって、仕事がさらに楽しくなっていきました」

だから、コロナ禍で渡航が制限された2年半の間も、みりさんはポジティブに受け止めているようです。

その間、海外でも大きな動きがあり、ヨーロッパなどで働い

みりさんの
最新の活動が
読めるブログ

ていた東南アジア出身の職人たちが、本国に戻ったおかげで、『故郷にもおいしいチョコレートの店をつくりたい』と開業しはじめたとか、フランスでは、チョコレートを配達して人の心を癒したショコラティエが、医療従事者と同じように〝エッセンシャルワーカー〟として存在感を増したとか。

「技や知識を磨き直す時間があったでしょうから、2024年からの動きが楽しみ。長いチョコレートの歴史の中で、コロナ期は大きな転機になるはずです」

そして2023年5月、4年ぶりとなる出張に向かったみりさん。「バイヤーのお正月は2月14日。一年の始まりは3月から」ということで、新年度に向けてのスタートを切りました。

最近、なじみのショコラティエから、「フェリシモのカタログを持って日本のお客さんが訪ねてきたよ」と報告を受けることもしばしば。Instagramなどを介して、お店とお客さまの交流も活発になってきました。

単なるお取り寄せとして食べるだけでなく、その国や街、つくり手にまで興味を持ってくれる人が増えるのは、バイヤーにとってうれしい手応えです。

「いつか、神戸もチョコレートの街として知られるようになったらええなぁと思ってます。おばあちゃんになった私が東遊園地（注：神戸市中心部にある都市公園）をお散歩してたら、観光客の人が『神戸はチョコの街だから、チョコ買おう！』と相談しているのが聞こえてきて、ふふふと笑ってる……そんな妄想をしています」

（※）臨床美術：芸術療法（アートセラピー）の一種。

CHOCOLATE MAP

「しあわせの象徴」
チョコレートを、
フェリシモがある街・
神戸でぜひ楽しん
でね！
byチョコレート
バイヤーみり

チョコレートの街 神戸を
ぐるっとひとめぐり！

みりさん手描きの KOBE

カワイイ!!

チョコレートバイヤー
みりさんの手描き地図！
フェリシモチョコレート
ミュージアム（p15）で
もらえるかも!?

チョコレート
ミュージアムの
Instagramはこちら！

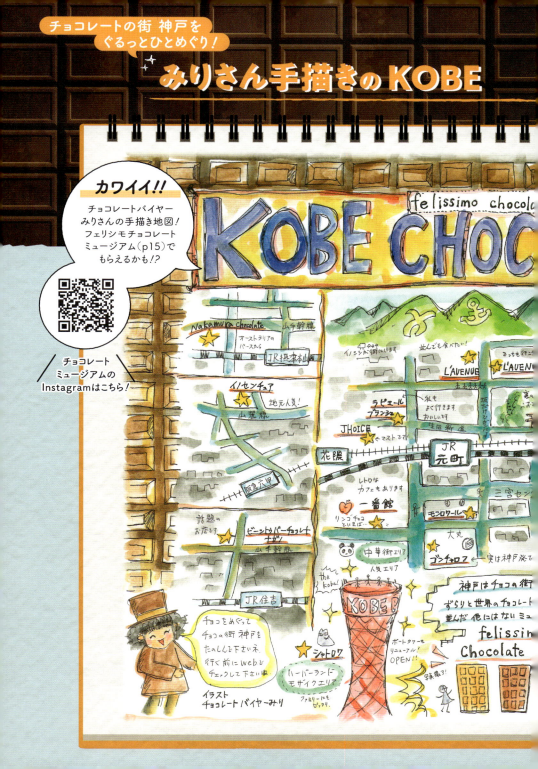

ロングセラーもベストセラーも

企画の心得はつねひごろ

伝説のプランナー／テンちゃんの365日

ありそうでなかった商品をかたちにし、常に時代の半歩先を行く企画力で流行をつくり出しているフェリシモさん。

ツワモノぞろいの社内でも、企画担当のレジェンドとして一目置かれるヒットメーカーが、ハンドメイド商品のブランド「Couturier（クチュリエ）」（※）を中心に30年以上ものキャリアを持つ「テンちゃん」です。

YouTubeにも出演したテンちゃん。その素顔はベール――ではなく、クチュリエスタッフお手製のカブリモノに包まれている……！

商品企画だけにとどまらずクチュリエで販売中の商品をピックアップし、いろいろな角度からその魅力に迫っていくフェリシモコミュニティースクエア（オンラインサロン）の「クチュリエ　テンちゃんねる」にも登場（＊一部YouTubeでも公開）。

社内はもちろん、お客さまからも信頼される、〝クチュリエの母〟的存在なのです。

バブル景気で日本が盛り上がっていたころに入社したテンちゃん。まず雑貨商品の担当になり、企画の一環として手づくり商品の開発も担当することに。

高度成長期にも手芸やハンドメイドはブームになりましたが、フェリシモコレクション（現「フェリシモ定期便」）という独自の販売システムと組み合わせることで、初心者でもチャレンジしやすく、続けていくことで自然と上達でき、達成感も味わえる「材料キット」の販売に力を入れたのです。

世の中に手づくり用の材料や手芸品などを売る店はたくさんありましたが、ゼロからはじめる人のために1回分の材料がセットになっていたり、必要な道具まで販売されていたりする商品は珍しく、大ヒットしました。

なかでも、2020年11月まで、30年以上続いた〈ミニチュアフレームの会〉は、クチュリエを代表する超・超・ロングセラー商品です。

カフェ、雑貨店、ドールハウス、バースデー、子ども部屋など、その時代に誰もがあこがれたシーンが、わずか約13センチ

Chapter.1
商品・カタログ・お届け箱
誕生へのこだわり

30年以上のロングセラーとなった
「ミニチュアフレームの会」

角のフレームの中で再現できるところが人気の理由。

「発売された数は全部で381デザイン。一度にすべてを作ることはできませんが、毎月ひとつずつ届くデザインを楽しみに待ちながら、じっくりコツコツ仕上げるという、フェリシモ定期便にぴったり合った商品だったと言えますね」と、誇らしげに紹介するテンちゃん。

　こんな〝めくるめく世界〟を届ける商品は、どんな風に企画されているのでしょうか？

「企画しよう」と机に向かって考えることなんてない

　ちょっと意外なことに、新人時代から、ベテランのいまにいたるまで、テンちゃんの企画に対する姿勢に、大きな違いはないといいます。

　逆に変わったのは、アイデアがストックされている〝ひきだし〟の数。街で見かけた雑貨のステキな色の組み合わせ、カフェで隣の席から聞こえてきた何気ない会話、おしゃれな人が手にしていた持ち物etc.通勤の途中でも、休日に友人と遊んでいるときも、ブラブラお散歩しているときも、テンちゃんの目に入ってくるもの、耳に飛び込んでくるもの、手に触れたもののすべてが、企画のヒントになる可能性アリ、です。

「無意識にやってますね。『やらなきゃ』みたいな義務感はないし、クセというか習慣？　みたいな。たぶん、私だけじゃなくて、フェリシモのプランナー（企画者）は、みんなそうではないでしょうか。24時間・365日、つまり〝つねひごろ〟企画のアンテナが立ってるんです。無理しているわけではないし、しんどくもない。その瞬間は企画のヒントになるなんて思ってもいない。でも、あとで別の何かと結びついた瞬間に、『そういえば、前に見たアレとコレを結びつけた

フェリシモさんのプラットファーム（p12）に飾られているミニチュアフレーム。圧巻！

Couturier

（※）Couturier【クチュリエ】とは、フランス語で"仕立て屋さん"のこと。超初心者から上級者まで"わくわくしたときめき"をいつまでも身近に感じてもらえるような手づくり関連商品が、定期便スタイルで届く。

ら……！』とヒラメキになって降ってくるんですよねー」

たとえば、「かわいい1000個のイラストがささっと描けるようになっちゃうプログラム」は、テンちゃんの友人が手帳に車やプレゼント柄のスタンプを押していたのがきっかけ。「ささっとイラストを描きたいと思っても苦手な人もいるよね」と気づいたところから企画がスタート。スタンプを押さなくても手帳をかわいく彩るには？と発展していってできあがった商品です。

クチュリエでも、初心者の「できたらいいなー」というあこがれを、「これならできそう！」という期待感に変えられるような、技法の基礎を徹底的にレッスンできるキットを発売するなど、難易度に合わせた商品を多数販売。むずかしい技術がなくてもつくれて、それでいて「ほかにはない、とびきりかわいくて素敵」なデザインであることを強く意識しています。

〈毎日ちくちく12ヵ月をつづるクロスステッチ・ピクチャーブックの会〉は、もくもくと無心になれるのが好きというテンちゃんが、つくり手としても気に入っている自信作。

すきま時間にちょこっと完成できる小さなクロスステッチ図案、約30種類と材料セットが毎月届きます。

刺し溜めた小さなクロスステッチをセットの台紙に貼ってファイリングすれば、1年後には絵本や図鑑のように、眺めているだけでもワクワクする、約360種もの刺しゅう図案の見本帖が完成するというわけです。

「アイデアと同じように、いろいろなデザイナーさんとの出会いを大切にすることも重要です。展示会に出向いたり、協力メーカーさんからご紹介いただいたり、最近はInstagramなどで作品を発表している方をブックマークしておくことも多いですね。また、クチュリエを継続して上級者になられた方に対しても、何かしら新しい手法や最新のトレンドを盛り込むようにして、満足していただけるようアンテナを常に張りめぐらせておくことも大事です。言葉で表現するのがむずかしいんですが、クチュリエでないと味わえない驚きや感動を、よりたくさんの方にお届けできるようにと、いつも心がけています」

届いてから、つくったあともしあわせが増えていくように

手づくりという商品は、お客

自分だけの刺しゅうの見本帖！　かわいい！

さまの手元に無事届いたからといって終わりではなく、むしろそこからがスタートだといえるでしょう。

　つくっている間は完成に向けてのワクワクとした期待感が続き、つくり終えたときには自分だけの宝物ができたという達成感や満足感を味わえ、さらに継続していくことで技術やセンスまでレベルアップしていく！

　たくさんの楽しみが詰まった商品だからこそお客さまから、「できました」「よかったです」「次も楽しみにしています」といった声をもらうことが、テンちゃんにとって最上級のしあわせなのです。

　これまで、数多くのキットを手がけてきたテンちゃんですが、そろそろ商品企画は後輩さんたちに任せることにしました。

「私が新人だったころの日本は、物質的に恵まれていることがしあわせだと考える人が多かったかもしれませんが、いまは違ってきているのではないでしょうか。コツコツつくるのが楽しく、上達を感じて自己肯定感が上がったり、できた作品を通して、誰かが喜んでくれたり、つながりの輪が広がったり、さらには地球や社会のためにいいことにつながったらもっとうれしい――。そのすべてに共通しているのは、手づくりという文化がしあわせな時間を生み出しているということ。これからは、より広い視点からお客さまが実現したい理想につながるようなイベントやプロジェクトにも取り組んでいきたいと思っています」

紙のカタログづくりも腕の見せどころ！

カタログの歴史を変えた「書店販売」のきっかけは？

１９８７年から、書店などで販売されているフェリシモさんのカタログ。

いまでは見慣れた風景になっていますが、販売当時では考えられないことでした。カタログは商品を売るための宣伝ツールだから、より多くの人に届くように無料で配るものだ、というのが常識だったからです。

矢崎和彦社長（当時入社6年目）は、ファッション誌のように都会の情報を載せるだけでなく、手にした人のリアルな生活を変えられるカタログの価値を確信し、書店販売を会議で提案します。

はじめは、社外はもちろん、社内でもあまりピンと来ていない様子……でしたが、「地域や店舗を絞り込んで、実験的に販売してみよう」といってくれる会社が見つかって店頭に並べてみると、あっという間に1万部が売り切れに！　販路は全国に広がったのです。

さらには、フェリシモさんの会員向けのカタログを再編集したものだけでなく、新たなテーマで企画して発行した『神戸カタログ』『dico.』なども登場するなど、進化を続けてきました。

Chapter.1
商品・カタログ・お届け箱
誕生へのこだわり

箱を開けたそのときが しあわせ♡はじまる瞬間

　フェリシモさんで、いつも楽しみにお買い物をされているみなさまには、この気持ちをわかっていただけると思います。

　――お届け箱が届いてうれしい！一刻も早く開けたい！

　そのドキワク感ときたら!!

　到着を待ちわびていた注文の品を手に取れるのは、もちろんうれしい。

　でも、それだけじゃない。

　同梱されているカタログやリーフレットも、どれから読もうか迷ってしまう。

「見る」ではなく、「読む」。

　商品が届いた喜びとともに、カタログの中のシーンに「こうなったらいいな」と未来の自分の暮らしを重ねて、つぎの注文にも夢中になる。

　カタログから、込められたパッションが、パーンと飛び出してくる感じ。

　この圧は？熱？いったい何？


　届く商品と同じくらい、カタログも楽しみ。さらには、リーフレットも、果ては伝票(p114)までも、楽しみにしている方の多いこと、多いこと。

　いったい、この違いは……？

「お客さまの共感を“グッ”と呼び込むために、各担当(フェリシモさんでは「編集長」と呼ぶそう)の個性を存分に活かし、バリエーションに富む、圧倒的なエンタメ感を貫いたカタログ制作を目指しています」とのこと。

　その続き、もっと聞かせて！(p54に続く)

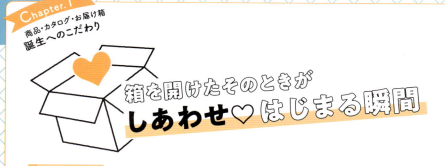

編集長のパーソナリティが爆発!?

カタログができるまで

～『暮らしはエンタメ! Kraso[クラソ]』の場合～

01

START!


その号に掲載する商品リストからページネーション(＝どの商品をどのページに載せるかを決める)を作成するとともに、カタログ1冊ごとにテーマを決定。

新発売の商品については、商品プランナーへのヒアリングを行い、商品ごとにカタログ表現を変えていく。

02

外部のデザイナーにおおまかなラフ制作を依頼。

カタログテーマを記載したコンセプトシート(※)をベースにして、ビジュアルの方向性などを相談しながら、カメラマン、モデル、スタイリストなど撮影スタッフをキャスティングしてもらう。

03

ラフができたら商品企画チームとチェックをし、デザイナーに修正を依頼。

どんな写真を撮影するかについて、細かくすり合わせをし、商品ごとに撮影内容やコピーの打ち合わせも行う。

04

撮影。ディレクター、カメラマン、スタイリスト、ヘアメイク、モデルなど外部スタッフと一緒にイメージを作り上げていく。

05

写真、コピー、商品情報など必要要素がそろい、レイアウトされたものを印刷所に渡す。
原稿ができたら、校正作業。校正作業は２～３回、細かくチェック・修正をして、完成に近づけていく。

06

完成!!

お客さまへのお届け開始。

07

商品のお申し込み状況やカタログに寄せられたお声をもとに振り返りをして、カタログ表現のブラッシュアップにつなげる。

※コンセプトシートとは？
デザインラフの一種。その号のイメージに近い画像やカラー、イラストなどを組み合わせてつくる、コンセプトを視覚的に伝えるためのプレゼンテーション資料。
『暮らしはエンタメ！ Kraso』の場合は、巻頭企画のコンセプトコピー案にビジュアルマップ１枚を組み合わせて作成し、外部制作チームに共有する。

見るだけではなく読む！

圧倒的なエンタメ感を貫くカタログのつくり方！

カタログ制作チーム
森重秀則さん＆脇知佳さん

森重さんは偏愛ライター（p90）／モーリーとしても活躍。

フェリシモさんには大きく分けて現在5つのカタログ制作チームがありますが、その中で最も多くの種類、『暮らしはエンタメ！Ｋｒａｓｏ[クラソ]』（以下、Ｋｒａｓｏ）『flufeel[フラフィール]』『L'AMIPLUS[ラミプリュス]』『el:ment[エル：メント]』など、雑貨カテゴリーで大人気のカタログをつくっているのが、森重秀則さん率いる生活雑貨のカタログ制作チームです。

約10名ほどのチームで5、6冊を同時進行

定期的に発行されているカタログのほか、『幸福《しあわせ》のチョコレート®』『母の日のお花』といった企画に合わせたカタログや、書店で販売する総合カタログ『フェリシモの雑貨』なども合わせると、月に5、6種類のカタログづくりを、約10名ほどで取り組んでいます。

「カタログごとに編集長（p51）がついていて、私は統括デスクみたいなポジションです」と森重さん。

入社後すぐ雑貨カタログのチームに配属され、以来カタログ制作一筋だとか。ファッションカタログも7〜8年経験し、ふたたび雑貨に戻ってチームを任された頼れるリーダーなのです。

p52で紹介したように、カタログづくりは商品リストを整理して、ページネーションを作成することからはじまります。

たとえば『Ｋｒａｓｏ』の場合、1冊あたりの掲載点数は約200点。新商品の取材をしていく中で、ヒットの予感がする商品に出合うこともあるそうですが、「売れそうな商品を順番に載せていけばOKというわけではありません。カタログというメディアの特性は、複数商品の組み合わせで、暮らしのストーリーを見せられるところ。ペ

Chapter.1

商品・カタログ・お届け箱 誕生へのこだわり

制作雑貨カタログチームの力作!!

ージをめくっていくことで暮らしのストーリーが浮かび上がるようなカタログ表現で、商品を魅力的に見せていくことが、私たちに課せられたミッションだと思っています」（森重さん）

「広くあまねく」では、届いても刺さらない。

暮らしのストーリーが浮かび上がるようなカタログ表現――言葉にすれば簡単ですが、これを見えるかたちにするには、さまざまな工夫や仕掛けが必要です。

　たとえば、『ラミプリュス』の2024年春号は、「ラミプリュスとしたい10のこと」がテーマであり、機能性に優れた商品を中心に、家族でおでかけをする前準備から通勤や街歩きまでストーリーに乗せて、商品を提案するページネーションを考えたそうです。

「フェリシモ定期便って、暮らしに寄り添う雑貨、おしゃれのためのファッションアイテム、自分へのご褒美のチョコレートなどなど、生活の必須アイテムだけではない、毎日の暮らしの楽しみが広がっていくような商品をお届けするもの。だから、お届け箱に入れる紙カタログでも、翌月の暮らしがめちゃ楽しくなりそう！という予感がする圧倒的エンタメ感が大事だと思っています」（森重さん）

　その、圧倒的エンタメ感の源となるのが、編集長のパーソナリティーです。

　57ページの写真は毎月発刊している『Ｋｒａｓｏ』の表紙ですが、フォーマット（形式）をあえて決めていないため、デザインから受ける印象が1冊ずつ違います。

　また、巻頭に載せるあいさつ文も、編集長自らが書くため個人の趣味や感情があふれ出ています。

「たとえば5月号の特集で『初夏を楽しく過ごそう』みたいなテーマが書いてあったとしたら、誰も文句はいわないだろうけれど、明日になったら忘れていそう。誰もが共感する言葉は耳ざわりはよくても、心にズキュンとは刺さらないと思うから、あえてパーソナルな感情が感じられるテーマ設定や言葉選びをして、印象に残るカタログになるようにしています。それぞれの編集長が考えたテーマを見て、私自身もハッとさせられることが多いんです。暮らしの切り取り方は編集長それぞれで、それぞれに鮮やか。毎月変わる編集長の視点を、お客さまにも楽し

んでいただきたいと思っています」（森重さん）

情報を届けるだけではなく 感情を動かしたい

では、方針をゆだねられた編集長は、どう思っているのでしょう？

森重さんチームの一員である脇知佳さんは、出版社勤務を経て入社。

Ｋｒａｓｏメンバーのひとりとして活躍しているほか、お笑い好きが高じて企画した芸人さんとのコラボレーションブランド「LAUGHREES［ラフリーズ］」のリーダーも兼任しています。

「Ｋｒａｓｏチームのメンバーは共通して、それぞれの趣味や好きなこと、どういうときにうれしいか、違和感を感じるのか、カタログが発刊される時期の気分……つまり、その人の『感情が動くところ』を制作に生かしています。私はお笑いやラジオ、映画などのエンタメが好きなので、そっち方面にアンテナを立てていますが、仕事のためにインプットしなくちゃ！と頭を切り替えることはないですね。暮らしの中で得たアイデアやヒントをどう生かせるか、カタログとしての役割を持たせつつ、自分が担当している意味や個性を出すことを意識しています」（脇さん）

出版社勤務時代、飲食店をはじめお店の取材や著名人インタビューなど、外に出ていくお仕事が多かったという脇さん。フェリシモのカタログをつくるときは、より暮らしに近い生活雑貨を扱う分「自分だったらどう使うか」「本当にこの見せ方で使いたいと感じるかどうか」など、生活者としてのリアルな気持ちを反映したアウトプットになっているそうです。

だからこそ、「ラフリーズ」でも、おしゃれさもありつつ芸人さんのネタやキャラクターがさりげなく落とし込まれている、〝ふだん使い〟できるグッズをかたちにできたのかもしれません。

LAUGHREESの最新情報はXにて！

暮らしのルーティーンは すべてエンタメ化できる！

一度見たら忘れられない鮮やかな表紙の『MEME MAGAZINE（メメマガジン）』（２０２３年

Chapter.1
商品・カタログ・お届け箱 誕生へのこだわり

『Kraso』の表紙
各編集長の個性が爆発！

鮮やかな表紙とユニークな内容！
MEMEMAGAZINE

MEME MAGAZINE

秋刊行）。フェリシモさんの他カタログと並べると、とてもユニークな存在感を放っています。

この冊子は、人気ブランドのカタログやテレビCM、新聞広告など、お買い物以外のフェリシモさんの魅力が詰まった紙媒体をつくろうという経緯で生まれました。

冊子名には、「いろいろな人たちの目(ME)で見ることによって発見できる新しい芽(ME)」という意味がこめられ、社内報や会社案内とは違う、〝ソトから見た視点〟でフェリシモさんの取り組みや働く人たちのことを掘り下げています。

巻頭企画の「フェリシモ解像度アップツアー」では、フードエッセイストの平野紗季子さん、ロックバンド・クリープハイプの尾崎世界観さんとお笑い芸人のラランドのニシダさんが登場するなど、編集長である脇さんの持ち味がくっきり。

「お客さまより、フェリシモに今までなかった一冊だと好評でした。『社長と喫茶店』という企画では矢崎社長と喫茶店でトークするというページをつくったのですが、企画の視点がおもしろかったという感想もいただきました。編集している私たちがおもしろいと思ってやっていることに共感をいただけているのがうれしかったです。フェリシモは〝おもしろい〟〝好き〟という共感から、新しい価値をつくることができる会社だと実感しています」(脇さん)

とってもHAPPY!

ひ・み・つ

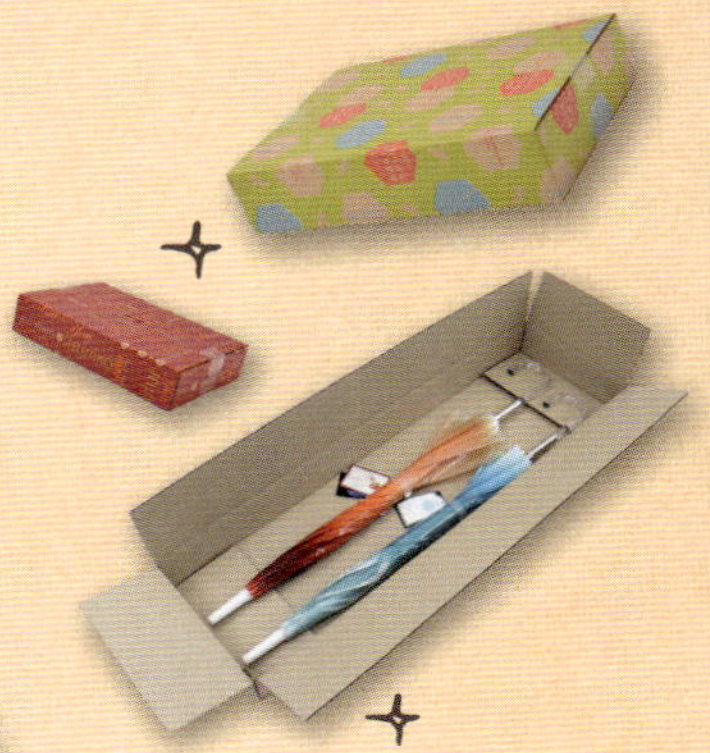

コミュニケーションツールとしてデザインを変えてきたお届け箱

毎月届くのが楽しみなフェリシモ定期便。自分へのプレゼントでもある商品を大切にお届けできるよう、運送中もしっかりと守ってくれるのが、サイズが37種類もある「お届け箱」と「お届け袋」(1種類)です(2024年3月現在)。

以前からフェリシモさんでは、お届け箱を〝コミュニケーションツール〟としてとらえ、さまざまな企画を行ってきました。デザインを一般募集し、4600点もの応募があった「フェリシモ・クリエイティブガール『WANTED! 50 Boxes designs』」プロジェクトや、「自分へのプレゼント」との思いを込めた真っ赤な箱「毎月サンタクロース」シリーズ、長年定番として活躍した「プリズムボックス」、そして現在も展開中のフェリシモ森基金から着想した定番「フォレストデザイン」などなど、お客さまにお届けしたいメッセージを乗せ、そのときどきに合ったデザインを展開してきたのです。

なんと、このお届け箱、「この部署(人)がデザインする」と、担当が決まっているわけではないとのこと。だからこそ、これだけ幅広いデザインが展開されてきたのだと、うなずけます。

たとえば、最も多く使用されている5種類の「フォレストデザイン」のお届け箱を、森のなかに鳥が

Chapter.1
商品・カタログ・お届け箱
誕生へのこだわり

＼受け取った瞬間から、
お届け箱の

フェリシモのお届け箱に描かれている「ハッピーバード」。羽を広げて鳥が羽ばたくように、箱を手に取った瞬間からしあわせな時間が広がっていきますように、との願いを込めたデザインです。

飛ぶデザインの「ハッピーバードボックス」へとリニューアルした2020年。雑貨系のカタログ制作で編集リーダーを務める森重秀則さん（p54）が、デザインを担当しました。

「フォレストデザイン」をベースに残しつつ、ピンク色だったプリントを白色にして、鳥のイラストやメッセージを加えた絵柄に変更。商品とのすき間を埋めてくれる緩衝材も、上部をハサミで切ると小さな袋として使えるつくりにするなど、お客さまのつぎのアクションにつながるアイデアをほどこしたのです。

「まず、箱を開けた瞬間にかわいいハッピーバードのイラストが目に入ってきて、さらに、内フラップには森を感じさせる抜き型をしました。よーく箱を見ていただくと、いろんなところにハッピーバードが飛んでいたり、意外なところにたまごやお手紙のイラストがあったり……。まるで鳥たちが商品やカタログを運んでくれるようなデザインにすることで、『届いたら終わり』ではない、フェリシモ定期便ならではの時の流れを表現したかったんです。ハッピーバードボックスがお手もとに到着したら、ぜひ、内フラップをめくってみたり箱ごとひっくり返したりして、エモーショナルな体験を味わってください」（森重さん）

もっとワクワクを! 年に一度のサプライズボックス

【お届け箱の楽しい歴史】

河本さん&
二村美優さん&
川澄綾子さん

河本さん(左)&二村さん(中)&川澄さん(右)

2021年。フェリシモさんでのお買い物をできるだけ長く楽しんでいただくために、「フェリシモの体験をもっとわくわくしてもらいたい」をコンセプトとした、定番のお届け箱に加えて、12月のお届け箱の特別デザインを企画するプロジェクトが発足しました。

「お客さまへのアンケートで、〝ご注文からお届けまでの体験の中でよいと思ったものは?〟という質問の回答上位に〝お届け箱のデザイン〟が挙がりました。フェリシモとしても重要なコミュニケーションと考えているお届け箱を使って、もっとお客さまにわくわくしていただければと、企画を考えました」とメンバーの河本さんが教えてくれました。

お届け箱がうれしい「サプライズ!」に

そこで、季節を感じられるデザインかつ、お客さまに届いた瞬間から「うれしい!」と感じていただけるようにと、2021年12月に最初のシリーズとして「アニバーサリーケーキデザイン」をリリース(サイズは1種類)。

このデザインを担当したのが、プロジェクトメンバーの二村美優さんです。

「自分へのプレゼントが届いた瞬間のハッピーな気持ちを、さらに盛り上げてくれるモチーフは何かな?とアイデアを出していきました。当時は、段ボールの上にスタンプを押すような印刷方法でしたので、色数が少

底にはフォークにささったイチゴが!キュート!!

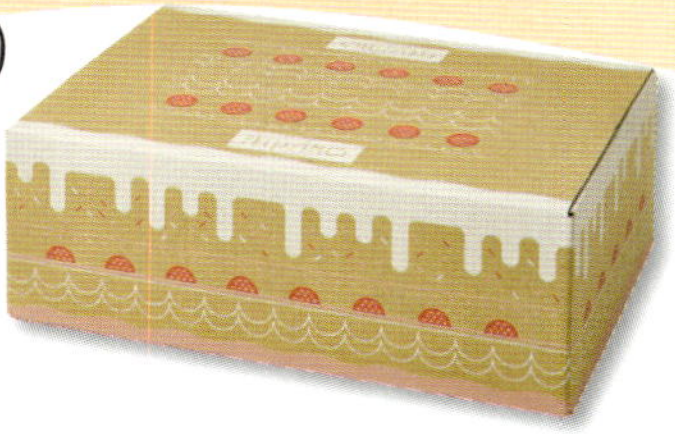

「アニバーサリーケーキデザイン」

なくてもキレイに仕上がるシンプルなデザインに落とし込む必要がありました。最終的に、段ボールの地の色をスポンジに見立てたケーキのデザインに。ひっくり返すと、フォークにささったイチゴが見える遊び心もプラス。フェリシモらしい世界観が演出できたと思います」

2年目は印刷方法を変え、プチプラ雑貨ブランドとして人気の『ガラフル』(p102)とのコラボで、フェリシモがイメージする、世界中の人や動物たちのハッピーワールドを水彩タッチのデザインに(Happy World)。

3年目はサイズを3種類に増やし、それぞれ冬の星空柄の布地で包んだような、リアルなプリントをほどこしました。

クリスマスシーズンの12月の出荷から使われる特別デザインのお届け箱ですが、どのお客さまに当たるかは、物流センターの出荷担当者の手にゆだねられているそう。つまり、はじめてのお買い物で届いて「いつも、こんな箱なのかな?」と思っている人もいれば、定期便を愛用しているお客さまへサプライズ!ということもあるわけです。

「アンケートやSNSを通じて、たくさんの反響をいただきました。『配達員さんとお届け箱のデザインについて盛り上がった』というエピソードや『ケーキ柄の段ボールがかわいくて、すみずみまで眺めた。自分で頼んだものだが、プレゼントみたいでうれしかった』といったお言葉に触れて、企画デザインした私たちがしあわせな気分にさせてもらっています。箱を再利用してくださるお客さまが多いのもうれしいですね」(二村さん)。

「Happy World」

まるで布で包んだような、だまし絵風のプリント

捨てるのが惜しい! 再利用したくなる箱を目指して

物流推進部で企画と推進を兼

2023年10月に
導入された「お届け袋」

任している川澄綾子さんは前任者を引き継ぎ、2023年からこのプロジェクトに参加するようになりました。

「お届け箱のデザインは、物流作業にも大きな影響を与えます。たとえば、段ボールに印刷するときにインクがむらにならないか、色ごとに版がずれないかなど、実践していくうえでクリアすべきポイントが複数ありますし、限定デザインの場合は、月ごと・サイズごとの出荷数を予測してロスを出さないように印刷部数を決める必要があります。また、無地の段ボールにインクが全面に付いたことで、出荷レーン上で箱が滑りやすくなるといったアクシデントもありえます。万が一、お客さまのお手元に届くまでに箱が破損でもしたら一大事。ちょっと効率が落ちただけで、全体の出荷件数に大きな影響が出てしまいます。段ボール業者さまと何度も相談を繰り返し、出荷作業者の意見を聞きながら、物流部門としての意見をフィードバックするようにしています」(川澄さん)

環境への配慮も欠かせません。梱包資材の紙の使用量削減につながる取り組みとして2023年10月に導入された「お届け袋」の企画は、同年5月ごろからはじまったそうです。エコな袋であることをお客さまにも感じ取ってもらえるよう、ボタニカル柄を採用。

茶色のクラフト紙にやわらかく映えるオレンジのインクで表面印刷する一方、雨水などの浸透を防ぐためのニス加工は内側だけにほどこして、送り状の貼り付けを妨げないようにするなど機能性も両立させています。

「いままでは、小さな商品でもいちばん小さなサイズのお届け箱に緩衝材を入れてお送りしていたのですが、お客さまから『緩衝材はいらない』というお声をいただいていたことから、お届け袋への切り替えを検討することになりました。プロトタイプができたら、北海道から沖縄まで配送テストを行い、梱包した商品のコンディションを慎重に

お客さまに商品を発送する拠点「エスパスフェリシモ」(神戸市)
フェリシモさんの創業来、約60年間で2億4700万個ものお届け箱が配送されているとのことです。

Special

「エスパスフェリシモ」の4階から1階まで、風船がくるくる回るように途切れることなく続く吊り下げ式のラインシステムは、フェリシモさん独自の「スカイポーターシステム」。雑然としがちな工場や物流センターのイメージを排し、「オレンジ＝太陽＝力・野心」「黄緑＝植物＝生・誕生」「紫＝実り＝歓待」「ピンク＝花＝美」「イエロー＝みつばち＝繁栄」というコンセプトを持つカラフルなバッグが行き交う風景から、「夢を運ぶアトラクション」とも呼ばれています。「エスパスフェリシモ」は、お客さまにしあわせや夢を届ける出発点です。

確認してから正式採用になりました。従来の厚み3㎝の箱に比べて、資源量を約5分の1に削減できます」(川澄さん)

資源を大切にしたいという考え方はお客さまにもしっかり届いているようで、お届け箱を飼い猫ちゃんのベッドとして使ったり、子どものお道具箱やおもちゃ箱に再利用している、といった声も届いているようです。

「小さな動きかもしれませんが、活用したくなるデザイン箱は再利用という環境負荷の軽減にもつながると感じました。誰かとの時間を豊かにしたり、笑顔の時間が増えたり、月に一度の〝お届け箱〟で、私たちはそんなしあわせ時間をみなさまに贈り続けたいと思っています」とプロジェクトチームのみなさん。ますます、お届け箱を開けるのが楽しみになりそうです!

フェリシモさんの名物ともいえる制度「フェリシモ部活」。
今ではかなりの知名度を誇り愛猫家の絶大な支持を受ける
フェリシモ「猫部」をはじめ、そもそもどのような経緯で、
この制度は発足することになったのでしょうか？

&

実際にフェリシモさんを直接「体験」できる、リアル店舗のご紹介。
リアル店舗もフェリシモさんらしさ満載で、とてもユニーク！
フェリシモさんがプロデュースし、その世界観を堪能できる
「神戸ポートタワー」にも伺いました！

Chapter.2

好き！という情熱を力に

フェリシモ部活＆

見て・触れて・味わって

リアル店舗営業中！

この指、とまれ！

持つ仲間とともにチャレンジを楽しむステージ！

週1回

「好きなこと」を仕事中に堂々とできるんです！

自分がやりたかったことをやっているときが、いちばん情熱を感じられるし、よいパフォーマンスを発揮できるのでは？

——そんな発想から生まれた制度が、「フェリシモ部活」です。

1週間のうち毎週水曜日の2時間が、ふだんの仕事を離れて、自分の好きなテーマに取り組める時間として認められます。

基本は社員が3人集まることで創部できますが、自分ひとりで立ち上げて、あとからメンバーを募集するかたちでもOK。まずはじめてみることで仲間を集めやすくなり、よりたくさんの人を巻き込んでいく可能性も出てきます。

すべての活動をパッション・ドリブンで進める、フェリシモさんらしい仕組みです。

Chapter.2
フェリシモ部活&リアル店舗営業中!

「フェリシモ部活」制度 同じキモチをかなえたい夢や新しい

PICK UP!

〜たとえば〝こんな部活〟がありまして〜

✦フェリシモ「女子DIY部」

自分の暮らしにぴたっとハマるをつくる。
思わずDIYしたくなる情報や商品を発信し、人々の暮らしが豊かになることを目指しています。

✦フェリシモ「魔法部」

大人になっても……いや、大人になったからこそ、ファンタジーがもたらす勇気やときめきが必要！という部員たちが集います。物語から飛び出てきたようなアイテムが、日常に魔法をかけてくれるかも。

✦フェリシモ「猫部」

野良猫の殺処分の問題を解決したいという思いから創部。「猫と人とがともにしあわせに暮らせる社会」を目指し、基金付きのオリジナル猫グッズを企画開発し、ヒットを飛ばし続けています。

✦more...

ほかにもフェリシモ「オタ活部」(p68)や、海とかもめ部など15以上もの部活があり、「猫部」や「ミュージアム部」のように、本格的な事業部として活動を広げるケースまで！ 部活に参加することで、経験の幅を広げる社員さんがぞくぞくと生まれています。

そのほかの「フェリシモ部活」についてはこちらをどうぞ!

✦フェリシモ「小鳥部」

野鳥ではなく、おうちで飼われている小鳥たちにフォーカスし、「小さな命を大切にする気持ち」を世の中に広げていきます。また、飼い主を失った小鳥たちを保護する活動も支援します。

✦フェリシモ「ミュージアム部」

美術館・博物館・科学館・文学館などのミュージアムを愛するメンバーが、ミュージアムをより楽しむための情報発信やコラボグッズを企画しています。ブログでは展覧会の紹介などもしています。

フェリシモ部活より

オタクの想いよ、推しに届け!!!

推し色アイテムを展開する「OSYAIRO［おしゃいろ］」について
「オタ活部」部長に話を聞いてみた！

山川真記代さん
通称:まっきい

推しの色でファンレターを届けたくて

毎日を豊かにしてくれる「推し」がいる人たちに向けて、推し活をもっと楽しくするブランド「OSYAIRO［おしゃいろ］」。

2019年11月15日のスタート以来、「自分の大好きな〝推し〟の色をもっとふつうに毎日に」をコンセプトに、毎日を豊かにしてくれる「推し」がいる人たちに向けて、好きな〝推し色〟を楽しめるアイテムを提案し、一緒につくってきました。

＼推し色で
ファンレターを書きたい／

『OSYAIRO 紙の専門商社竹尾が選ぶ 色を楽しむ紙セットの会』

「最初に思いついた商品は、ファンレターを書くためのペーパーアイテムでした。推しのメンカラ(※)が紫だったんですけど、ピンクやブルーと違って、フツーに売っていなかったんですよ。ずっと手づくりしてたんですけど、あったらいいのになぁと思ってて……。そうです、完全に自分の欲求そのものを商品にしました。クリエイターからの信頼も厚い、紙の専門商社・竹尾さんとのコラボ商品ですから、クオリティーにも自信アリ。これに自担の名前を丁寧に書き、劇場入り口のポストに入れておくとですねぇ……」と、第1作目のアイテム『OSYAIRO紙の専門商社竹尾が選ぶ 色を楽しむ紙セットの会』の素晴らしさをノンストップで語っているのは、オタ活部（オタク活動推進部）の部長である山川真記

＼OSYAIRO／

代さん（通称：まっきい）です。

まっきいには、長く推し続けてきたアイドルグループがいました。ところが、突然の解散宣言とともにメンバーの露出が激減。当たり前のように観ていたテレビ番組から彼らの姿が消えてしまい、「推したくても推せない」日々に打ちひしがれていたそうです。

ザ・空虚💀

「日常の一部になっていたんだと、寂しさを実感しました。これだったんですね、大事なものは失ってから気づくって。周りにはデビュー前の別のグループを応援している友だちがいたから、ときどき彼らのうわさ話が耳に入ってきて、ファンってわけじゃないけど認知しますよね。キラキラ✨した世界って、やっぱりいいんです。で、そのグループのデビューが華々しく報道される様子を見た瞬間、大号泣しちゃってて、私。そこからはもう、転げ落ちるように沼にはまり、今でも抜けていません！抜けるつもりもありません！（キッパリ）」

お手製のうちわとペンライトとともに

目立ちすぎないグッズで〝いい大人〟にも推しの場を

実は、「オタ活部」立ち上げの前の年に訳あって出戻り入社したまっきい。

これは会社に貢献して恩返しするチャンスかも？と考え、アイドル、アニメ、宝塚（歌劇団）に沼っていた後輩たちを誘って、「オタ活部」を立ち上げました。

ジャンルがばらばらでまとまりがないように見えるかもしれませんが、ここがオタ活の幅広さというか奥深さなのです。

「推しの色がある」という共通点をマーケティングに生かせば、むしろ、対象を特定したグッズをつくるよりも制限が少なく、フェリシモさんの各ブランドに落とし込める可能性も出てきます。

「ふだんはファッション事業部の仕事をしていたので、かわいくないオタクグッズを作るのはイヤでした。いい大人である私たちが、恥ずかしくなく、あるいはオタばれせずに『推し』の色をそばに置いておけるような、会社帰りにそのまま推しに会い

自立して便利！
大人気で
すでに4作目！

推しと一緒に
いつでもお出かけ！

に行けるような、好きなものを好きといえる場所を増やすお手伝いをしたい、そして自分も一緒に楽しみたいと、部員たちとアイデアを練りました」

こうして、２０１９年11月に正式リリースされた新ブランド「ＯＳＹＡＩＲＯ」から、色を楽しむ紙セットの会ほか、ネイルシール、トートバッグ、メイクポーチが発売となりました。

ふだん使いできそうなシンプルなデザインでありながら、トートバッグは「うちわ」が持ち手まですっぽり入るサイズですし、２０２２年発売のガジェットポーチはライブの必需品である双眼鏡やペンライトを保護しながら収納できるデザインになっていて、オタ活部ならではのこだわりがいっぱい。

「やっと見つけた、待っていました！といった反響があり、作ってよかったなと思いました。部員のひとりは、ふだん企画している商品ではあまりない、商品への問い合わせが、カスタマーセンターに入ったことで反響の大きさを実感していましたね。いただいたご意見を商品の改善や新しい企画に生かしています」とのこと。

たとえば、「うちわバッグ」は、持ち手を長くしてほしい、自立したらいいのにｅｔｃ．の要望をかなえるうちに、すでに第４作目に。

ポーチも、最近ブームになっている〝推しぬい〟と一緒に着替えや、硬質ケースに入れた写真やカード、アクリルスタンドを分けて収納できる宝箱みたいな商品を出しました。

また、ライブ用の商品だけでなく、イヤホン、スマホショルダー、パスケース、マスクなど、日常生活の中で、なにげなく推し色を味わえるアイテムも充実。カラフルな商品はＳＮＳ映えするためメディアなどで紹介されることが増えてきて「ＯＳＹＡＩＲＯ」は少しずつ知られるようになってきました。

"OshiKra" WRITERSより
紹介文
（まっきいの記事一覧）

事業部への昇格を目指す？ オタ活部5年目の揺れる心

しかし、順調ゆえの悩みもあります。２０２３年秋に活動５年目に突入したオタ活部ですが、まっきい以外のメンバーは、産休や退職などで全員が入れ替わ

Chapter.2 フェリシモ部活&リアル店舗営業中!

メンカラを網羅!

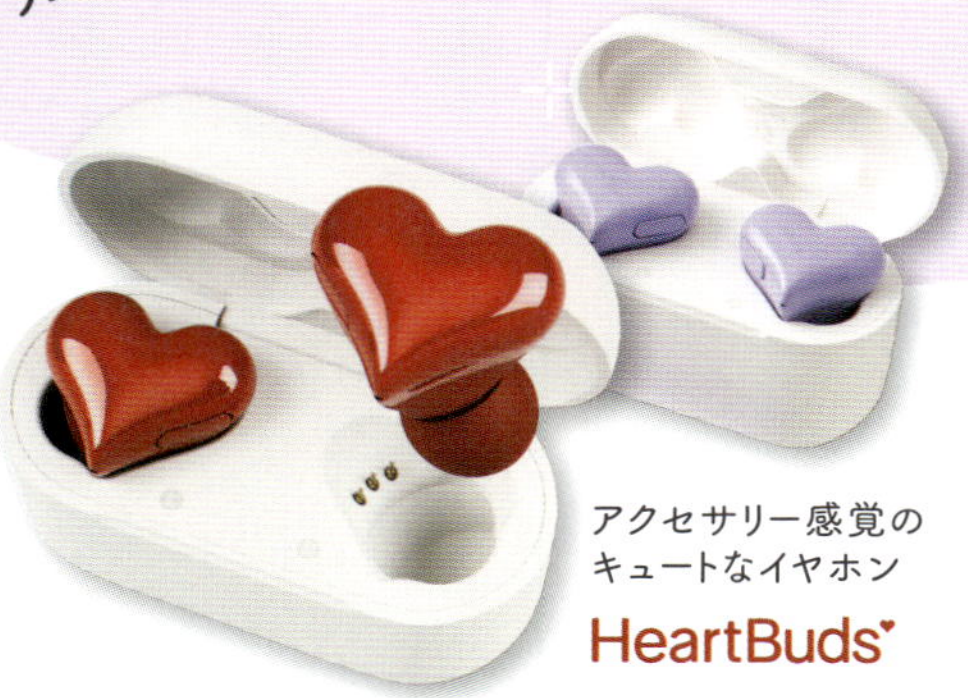

アクセサリー感覚のキュートなイヤホン
HeartBuds

爪でも推しへの愛を語れます!

り、創部当時と変わらず5人の小所帯をキープしています。

もちろん、企画が進んでいくプロセスで部員以外の人に助っ人をお願いすることはありましたし、今後もできます。

ただ、フェリシモ「猫部」やフェリシモ「ミュージアム部」のようなより大きな事業化(p67)を目指すなら、常に一緒に動いてくれるメンバーを増やしたり、予算に見合った結果につながる事業計画を、考えたりしなければなりません。

「部をつくったころは、『推し』という言葉がメジャーではなかったので、関連グッズなんてほとんどなかったですし、『推し』のことは好きだし活動するのは楽しいけど、どこかに恥ずかしい気持ちを抱えている人が多かったと思います。そういう悩みに寄り添う商品をつくって、オタ活をしている誰かの助けになれば、という思いでした。時代が追いついてきたいま、オタ活の楽しさが広まってうれしい半面、部としてはひとつの役割を終えたのかな?という気がしています」と揺れる思いを打ち明けてくれたまっきい。

推し活市場はまだまだ活況ですから、フェリシモさん以外にも、「これは儲かる商売だ~」と息巻いているブランドがわんさかあるはず。

でも、オタ活部の「一緒に楽しみたい」という思いや、自分たち自身の「好き」という気持ちを失わないブレない姿勢が、売るためだけに企画された商品にはない魅力を、つくり出し続けてくれるでしょう。

※メンカラ:メンバーカラーの略。アイドルやアニメ、アーティストなどの「推し」に割り当てられた色のこと。自担カラー。

オンラインから
オフラインへ！

リアル店舗もこんなにユニーク！

ディック・ブルーナ テーブル　神戸店・横浜店

絵本作家ディック・ブルーナのイラストとともに、ワインと食事と会話が楽しめるお店。
世界ではじめてディック・ブルーナのイラストがほどこされたオリジナルラベルのワインやテイクアウトフードの提供など、ディック・ブルーナの世界観を存分に楽しめます。

Dick Bruna TABLE

フェリシモ「猫部」　大阪 クリスタ長堀

とってもキュートでかわいい猫ちゃんをモチーフにした雑貨だったり、プニプニした感触のポーチだったり、思わず「癒される～」となるような猫ちゃん雑貨を中心に集めた、猫ちゃん好きにはたまらにゃいお店です。みにゃさま、ぜひ、遊びに来てくださいにゃ

猫好き集まれ！
猫部 ねこぶ™

全国各地の
期間限定
ショップ情報も
載ってるにゃ

YOU＋MORE！　東京 エキュート上野

かわいらしい動物雑貨を中心に動物園や水族館とのコラボアイテムなど、どこかに「くすっ！」となるようなユーモア雑貨を中心に集めたお店です。文化施設が立ち並ぶ「上野」駅エリアならではのアイテムをたくさんご用意しています。

YOU＋MORE!™

全国各地の
期間限定
ショップ情報も
載っているよ！

2024年 春 BRAND NEW!

神戸ポートタワー

1963年の開業以来、港町・神戸のシンボルである「神戸ポートタワー」が2024年4月に大リニューアルオープンしました。

その企画をリードしたのがフェリシモさんだって、知っていましたか？

これまで一般の方が上がることができなかった屋上に、ガラス張りの「屋上デッキ」が完成。きらめく海と青空、そして夜には美しい星空……と、時間ごとに移りゆく、港町・神戸の表情を360度一望できます。

ほかにも、「神戸らしい」スイーツや食事ができるカフェ＆バー、タワーの“くびれ”の上に設えたギャラリーなど、心躍るコンセプト「brilliance-赫《かがや》き」を体験できるコンテンツがぎっしり。

さらに、1階のエントランスエリアでは、ブリリアンスな光る!ソフトクリームなども販売。

タワー周辺では、さまざまなイベントの開催も企画されています。

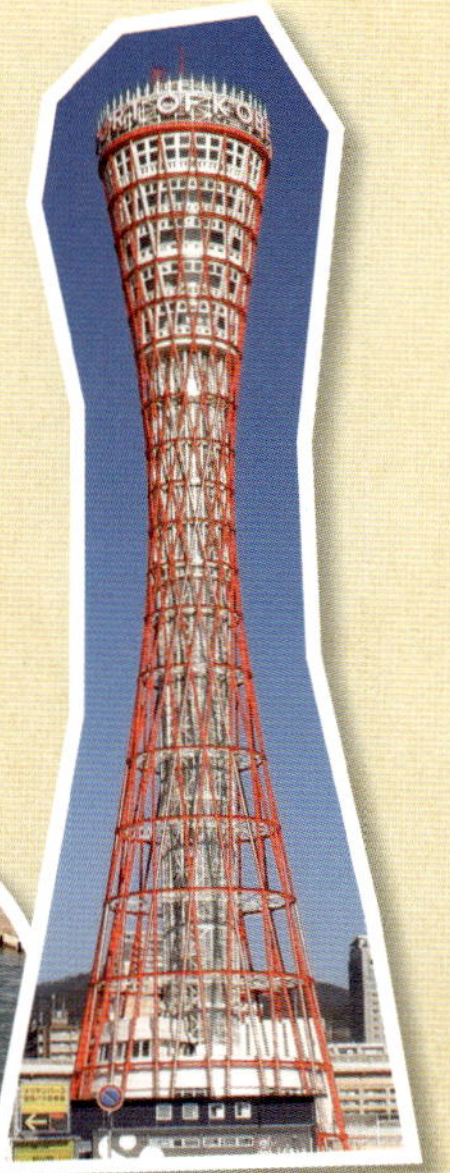

次ページで
訪問レポート！
GO!

何度でも登りたくなる！
ブリリアンスなタワーに

Gallery 360

オープンエアデッキ
Brilliance Tiara

開業60周年の節目となるタイミングで、新たな一歩を踏み出した「神戸ポートタワー」。

２０２４年４月26日に、２年7カ月ぶりにリニューアルオープンしたコンセプトは、「Brilliance-赫《かがや》き」です。

鼓《つづみ》を縦に引き伸ばしたような外観から、〝鉄塔の美女〟とも称されるくびれのある赤い双曲面構造を残しつつ耐震補強をほどこし、以前は出ることができなかった屋上には、神戸を一望できるオープンエアデッキ「Brilliance Tiara」を新たに設けました。

まるで神戸ポートタワーがティアラを乗せたよう。まさに〝鉄塔の美女〟の呼び名にふさわしい新エリアです。

阪神・淡路大震災で、物理的にも心理的にも大きな被害を被った神戸でしたが、その年の2月14日に再点灯を果たし、ぬくもりある赤いかがやきで街や人を照らし、励ましてくれた……そんなやさしさの記憶が、さまざまなデザインやサービスに散りばめられています。

たとえばタワーの〝くびれ〟の部分にあたる展望1階の「Gallery360」。天井の高さを生かした「ギャラリー」には、ぐるりと一周ユニークなアート作品が展示され、クリエイターの才能を神戸から世界へと発信します。

展望3階「Ready go round」は、約30分で３６０度回転するカフェ＆バー。軽食とともに、変わりゆく景色を楽しめます。

低層1階「Ready go round mini」では、神戸ポートタワーにちなんだ「赤いソフトクリーム」を販売。日没ころに設置されるボックス内でブラックライトを当てると魔法のように光る、ブリリアンスパウダーを振りかけてあるトッピングバー

BrillianceMuseum

Ready go round

Kobe Port Tower Shop by Felissimo

赤いソフトクリーム

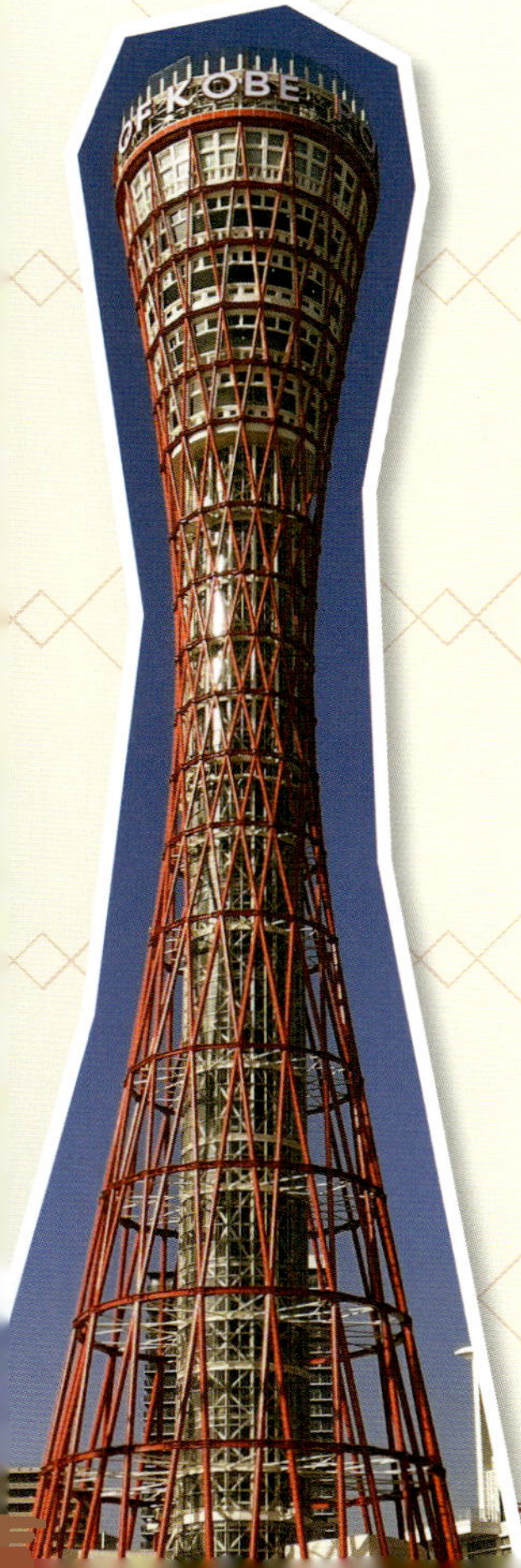

ジョンも購入できます。

ほかにも、「Kobe Port Tower Shop by Felissimo」（展望2階）では、神戸のウォーターフロントの魅力向上とアーティストの活動を支援することに活用される1％の基金（または寄付）付きのポートタワーオリジナルグッズや限定品など、フェリシモさんの人気アイテムが大集合。また神戸のモチーフを散りばめたネオン風のアートや、インタラクティブアートが楽しめる光のミュージアム「Brilliance Museum」（展望4階）など、フロアごとに違う楽しい仕掛けが満載です。

実現の可否はさておき、社内では「タワークライミング」や「神戸ポートタワー文学賞や漫画賞」といったアイデアもつぎつぎ出ているとか。

年間パスポートを使って何度も来たくなる場所になるよう、さまざまなBrillianceを演出し、更新することで、世界中の人を惹きつけるウォーターフロントのにぎわいをつくることを目指しています。

入場予約チケットはWEBサイトより

営業時間：９時～23時（最終入場は22時30分）　入場料（展望フロア／＋屋上デッキ）：高校生以上＝1,000円／1,200円、小学生以上中学生以下＝400円／500円、未就学児無料。

フェリシモさんの魅力は、
毎月の定期便にとどまりません。
「神戸学校」という名のメッセージライブ（講演会）を、
毎月１回のペースで開催しているのはご存じでしょうか。
通信販売などをおもに手がけるフェリシモさんが、
なぜ講演会を開催するにいたったのか……。
そこには深い理由がありました。
その経緯と目指す未来について、お話を伺いました。

Chapter.3

周りに「しあわせ」を広げていこう！

メッセージライブ「神戸学校」

言葉の贈り物

そもそも神戸学校とは？

フェリシモさんには、ファッションや雑貨のようなかたちあるものをお届けするだけでなく、おうちレッスンプログラムなどを提案する「ミニツク」のような体験型のプログラムも少なくありません。

さらに、商品だけにとどまらず、「神戸学校」というメッセージライブ（講演会）も、毎月1回のペースで1997年から継続的に開催しています。

1995年の阪神・淡路大震災をきっかけに、「経験と言葉の贈り物」をコンセプトにはじまった神戸学校。

「崩壊した建造物の修復はできないわたしたちにも、人々の心の復興につながるようなことならできるかもしれない」という考えから、それまでは社内勉強会「地球人生涯学習塾」として行っていた催しを、社外の方にもご参加いただけるかたちにしてスタートしました。

各界で活躍するオーソリティーをゲストに招き、その開催数は300回以上におよびます。

神戸学校に参加したみなさんが、あこがれのゲストのお話を通じて得た「発見」や「感動」を通して、豊かな生活を積み重ね、豊かな人生を送ってほしい、そして今度はご自身が発信者となって、周りにもしあわせを広げていってもらえれば……。

そんな未来を目指しているとのことです。

大人にこそ「はじめて」が必要だ！ 神戸発 経験と

運営しているのは、入社1、2年目の若手社員

いただいた参加料は震災遺児の支援に活用

全国どこからでも、オンラインで参加できます！

「神戸学校」は、テーマの設定、ゲスト選び、スケジュール調整、当日の司会進行にいたるまで、すべて社員さんだけで分担しています。

――これまでにお招きしたゲストは、錚々《そうそう》たるお顔ぶれですが、出演交渉も社員さんが？

「はい。中心になるのは、新卒・経験者採用の新入社員たちです。フレッシュな感覚で、これまでフェリシモとはお付き合いがなかった意外性のある方をゲストにお招きしたり、新たな事業のヒントが生まれたりと、さまざまな化学反応が起こっています」

ゲストの方々の大切な思い出、知識や知恵、アイデアなどが、まるで毎月届くコレクションのようにみなさまの手もとに届き、残り、活かされてほしいというのが、事務局や企画を担当する社員さんたちの願いなのです。

神戸でしか開催されない「神戸学校」には、「遠方なので、神戸まで行くことができなくて残念」という声も少なくなかったようです。そこで2020年７月から、神戸学校は有料でオンラインでも配信され、好きな場所から視聴していただけるようになりました。開催地は神戸ですが、オンラインを併用することで、空間を超え、広く公にすることで「神戸学校」のコンセプトである「経験と言葉の贈りもの」を必要とされているより多くの方々へ届けています。

また現在、参加料は「あしなが育英会」を通じて、東日本大震災および令和６年能登半島地震の遺児支援全般に活用されています。「神戸学校」で生まれるモノは目には見えないかもしれませんが、参加したおひとりおひとりの気づきや感動が、未来への贈り物となっているのです。

神戸学校

神戸学校の公式サイトでは、300名以上のゲストの一覧を見ることができます。

あこがれのゲストとお客さまの間で「つながり」をつくる喜び

【神戸学校】担当者座談会

神戸学校事務局　河北航太さん
渡辺明奈さん
景山文乃さん

河北さん（左）＆渡辺さん（中）＆景山さん（右）

お客さまにとっても社員さんにとっても〝有意義な時間と経験を重ねて、将来の自分へ贈り物をしよう〟という、フェリシモさんが創業当時から大事にしている考えに基づいた取り組みである「神戸学校」。

２０２３年11月に、「神戸学校」の司会を務めた景山文乃さんと、運営を支える神戸学校事務局の渡辺明奈さん・河北航太さんに、お話を伺いました。

――開催当日まで、どんな風にゲストが選ばれ、どんな準備をするのか、教えてください。

渡辺　「神戸学校」の企画は、毎年1月ごろにスタートします。次年度の年間テーマを募集すると同時に、そのテーマに添ったお話を伺えそうなゲストの候補を推薦してもらいます。

社員ひとりにつき、だいたい、2、3人ずつ候補が挙がってくる感じなんですが、景山さんからは9人の推薦があり、もちろん、ダントツ。強い思いが伝わってきましたね。

景山　前職では人事の仕事をしていました。

フェリシモでは、入社式の日に先輩社員たちの前で自己紹介する時間があったり、社員朝礼の司会をつとめる機会があったりと、キャリアが浅くても前に出るチャンスが多くて驚きました。

新人教育の一環として、神戸学校の企画や運営に携われると聞いたとき、「お招きしたいゲストがいっぱいいるぞ」「直接、私が質問できるなんてうれしい」とワクワクしました。

もともと、写真集や本を読むのが大好きで、「この方の話を聞けたらいいなぁ」と興味を持っていた方が複数いたんです。

だから、溜めておいたストックを、全部出しました！

河北　社員のみなさんが出してくれたゲスト候補を絞り込み、

オファーする順番を決めてフィードバックするのは事務局の仕事です。私は人事で採用を担当するかたわら、神戸学校事務局の一員として、運営に取り組む社員たちをサポートしています。

事務局と相談して、まずは2023年度のテーマを「つながり」に決定し、それに合うお話をしていただけそうか、12回全体としてのバランスはどうかなど、いろいろな角度から年間計画をつくっていきました。

渡辺　いまでこそ300回以上の開催実績があるイベントですが、はじめたばかりのころは、講演会の知名度もまだまだでしたし、神戸までわざわざ足を運んでいただくというハードルもあって、登壇を断られてしまうケースも少なくなかったと聞いています。

おかげさまで、いまは過去に登壇された方々のお名前を伝えるだけでご納得いただけるようになり、コンセプトを理解いただいたうえでお力をお借りできるようになりました。

運営のノウハウもついてきたので、みなさんにも企画の手順をまとめたものを渡して、ある程度はフォーマットに沿って、進めてもらっています。

とくに景山さんの場合は、前職の経験で、人と接する仕事に慣れているので、安心して任せられました。

景山　2023年11月に講演していただいた石川直樹さんは、私の中で第一候補のスピーカーだったので、事務局から返事をもらったときは感激しました。

社会人経験を積むほど世間が狭くなるのを感じていたので、大人にも「新しい世界」を見せてくれるような方をお招きしたかったんです。

ただ、メールでのファーストコンタクトでは好感触だったんですが、直後にヒマラヤに出発されましたので……帰国後に連絡をいただくまではドキドキで

2023年11月の「神戸学校」のリリースより

ゲストの石川直樹さんは、カメラ片手に世界各国の辺境から都市まであらゆる場所を旅しながら、作品を発表し続けている作家・写真家です。

した。正式に出演OKをいただけたのは3カ月後。で、ホッとしていたら、「つぎはチベットに行く」とおっしゃるので、あわてて詳細を詰めました。

渡辺　石川さんは講演に慣れておられましたが、中には、「神戸学校が、生まれてはじめての講演」というゲストさんもおられるので、事務局から内容や構成について提案させていただくこともありますね。

　とくに新卒の新入社員にとっては交渉するときも、講演の内容を相談するときも、ふだんの仕事相手と違う方とやりとりするわけですから緊張すると思います。

　まして、有名な方やあこがれの相手へのご連絡ともなれば、「失敗したくない！」といつもより硬くなりがちです。

　そうした思いをすることも貴重な経験ですし、周りのフォローとともに乗り越えることで成長につながればという思いがフェリシモにはあります。

――ふだんのお仕事と、共通すること、あるいは違うことは？

景山　私は、C.C.P（p24）全般や、さらにその中の「UNICOLART［ユニカラート］」（※）というプロジェクトで、おもにWEB業務を担当しているのですが、何をどう見せたら、お客さまに「これ、いいな」とお申し込みいただける情報をお伝えできるかを考えて、日々アイデアを絞っています。

　「神戸学校」でも同じように、講演を聞きにこられた方に、ゲストの方の体験や知識・お考えを、どうお伝えし、何をお持ち帰りいただけるか？を考えながら司会をしていました。

　また、今回の講演ではじめて石川さんのことを知った方がいらっしゃるのもうれしいですが、私と同じように石川さんのファンだった方に喜んでもらえたのもよかったですね。

　というのも、ふだんの仕事では、お客さまの反応をダイレクトに知ることがなかなかないのですが、昔から石川さんの本が好きで子どもにも聞かせたいからと親子で参加された方がいらしたり、閉演後に石川さんのご厚意でサイン会の時間を設けたとき、とても古い写真集を持参されたお客さまが、「このページのここが好き」と熱く話しておられたりして、ほっこりし、人と人とのつながりが見えて、うれしかったからです。

河北　とくに新卒で入社して2年目くらいだと、まだまだ自分の感覚で仕事をするということ

司会をする景山さん

「目の前に広がっている世界だけではなくて、どんな世界があるのだろうと想像してみるだけでも、新しい『つながり』が生まれるきっかけになったり、それが冒険になったりするのかもしれませんね」

がわかりづらかったりしますし、そもそも、ふだんの業務では自分ではない誰かを想像して商品づくりをすることのほうが、多いかもしれません。

その点、「神戸学校」は自らの視点を生かし、自分自身が好きな人や興味のあるテーマをゲストの方とともにかたちにできる舞台です。

つい先日、「神戸学校」に映画監督をお招きする企画を担当した2年目の社員と話したとき、「好きなことと仕事とをかけ合わせるはじめての経験になり楽しかったです。企画の仕事にも生きています」と話してくれて、人事としても神戸学校事務局としてもうれしかったです。

渡辺　成長著しい新人からベテラン社員や社長まで、全社員さらにはお客さまにもオープンになっているのが、神戸学校の特徴です。

河北　「神戸学校」は、ダイレクトマーケティングの会社であるフェリシモにとって、足を運んでくださるお客さまと、リアル会場参加で直接お会いできる大切な場の一つです。神戸までお越しいただける機会があれば、ぜひ、チョコレートミュージアム(p15)、エフワイナリー(p14)とも併せて、ここでしか味わえない体験をお持ち帰りください。

(※)UNICOLART(ユニカラート):UNIQUE・COLOR・ARTを合わせた造語。アートを通して、チャレンジド(=障がいのある方のポジティブな呼称)の可能性を広げる社会の実現をみんなで目指すプロジェクト。

UNICOLART

特別インタビュー

人と社会に「絶対的なしあわせ」を創り届けるために

株式会社フェリシモ
矢崎和彦 代表取締役社長

お客さまも社員のみなさんもフェリシモさんへの愛が長く深いですね。

うれしいですね。先日、株主総会を開きましたが、個人株主さまのなかでも、「お客さま株主」の方が比較的多いんです。おひとりおひとりと長く関係性を保てるという意味ではすごくありがたいことだと思っています。

「人生100年」といわれますが、会社は経営次第で、人間より長く存在することができます。人に勧めたくなるような、ご家族で三代・四代と買い続けたいと思っていただける価値を提供し、社会に求められる存在であり続けることが大切です。ただ、「すべての人々」にお客さまになっていただきたいとは考えていません。狭い領域であっても「特定のテーマに思いっきり情熱を注いで、それを愛する方々に受け止めていただく」という方向にがんばるのがフェリシモ流。商品企画も、カタログやウェブサイトもスーパーニッチをきわめていくことに価値をおいています。

フォーマットに合わせて同じようなものを大量生産販売するのではなく、主題ごとにクリエイティビティを駆使しコンセプトを考え出して異なるアウトプットを生み出しています。それがお客さまのワクワクにつながり、しあわせなお買い物にもつながっていくのかな、と。

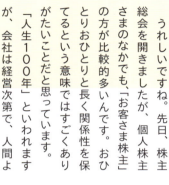

私は、紙カタログに関しては、写真やコピーはもちろん、レイアウトを含めたデザインや紙質にいたるまで、めちゃくちゃこだわって、完成直前にやり直しをすることが何度もありました。社員も大変だったかもしれませんが、究極までこだわったものがお客さまの気持ちにピタリとはまった瞬間に事業はイキイキと輝き始めます。

フェリシモには、「世間で売れている商品をまねしたい」といい出す社員はいませんし、もしそんな意見が出たら周りが止めるはず。逆に、他社は手を出さないけれど、「大好きなコレを商品化したい」といい出す人がいたら、みんなで後押しする空気というか価値観みたいなもの

を、会社の中核で醸成してきたつもりです。「500色の色えんぴつ」（p9）にしても、「こんな商品があれば売れるんじゃないか?」という発想からではなく、「自分が本当に欲しい!」という気持ちから生まれたから、独創的なものになったのです。

企画力をほめていただけるのはうれしいですが、経営者としては現状に満足せず、もっと能動的にさまざまな事柄に向き合っていかないと、あっという間に時代に振り落とされてしまうという危機感が常にあります。昨日の続きの今日、今日の続きの明日って感じで同じことを繰り返すほうがラクで簡単ですから。

そういう意味で、2024年春に挑んだ「神戸ポートタワー」の運営は、フェリシモにとっていい刺激になりました。

神戸ポートタワーの運営に携わることになった経緯は?

はじめは、運営者募集に手を挙げる予定はありませんでした。ダイレクトマーケティングを主に手がける我々にとって、無縁の事業だと思えたからです。でも募集要項を詳しく読んでみると、行政の委託事業とは思えないほど自由度が高く、期間も15年と長いことがわかりました。「クリエイティブの力で、人と社会をしあわせにするプロデュース集団になる」という、フェリシモのミッションにも合っていました。200ページを超える提案書のコンセプトは「神戸へのラブレター」。神戸ポートタワーの存在とフェリシモのリソースを掛け合わせれば、無限の可能性があると考えるようになり、書き進むほどに気持ちが高まっていきました。

運営を担う15年の間に、やってみたいと考えていることはいくつもあります。その一つが神戸ポートタワーを核に広域を巻き込み、ユネスコの世界遺産認定を目指すというものです。コンパクトシティと称される神戸には、狭いゾーンにたくさんの民族が住み、宗教や文化も多様化しているのが持ち味。映画、サッカー、パン、紅茶……など、神戸港から日本に入り、神戸人の生活文化力で「日本ナイズ」されて日本全国に広がっていき、さらには再輸出され、世界で評価されているものが数多《あまた》あります。

神戸に移転することにした理由とは？

大阪と東京に分散していた配送センターを、集中的に管理できる場所を神戸市内に見つけたとき、同じく本社も大阪から神戸に移転しようと決めました。神戸は生活文化の都です。さらに輸入港である神戸の歴史、新しい文化を受け入れる気質、海と山に囲まれた美しい自然風土などが、創造的な仕事をするのにピッタリだと考えたからです。

全社員に移転を告げて本社移転の準備を進めていたところ、1995年の年明け早々に大きな地震（阪神・淡路大震災）が起こりました。

「元に戻るまでに時間がかかる。止めたほうがいいのではないか」と、心配して声をかけてくださる方もいましたが、私は、「大好きな彼女とやっと結婚することになったとして、その子が怪我したら、結婚を止めますか。僕はそんなことできません」と返しました。建物が壊れても、海や山は残っていたし、歴史まで消えたわけではありません。いくつかの候補地の中から神戸を好きになった理由は、失われていなかったんです。

もちろん、震災直後の神戸は、大変なことになっていました。ですから神戸の復興のためにできることは何でもやり、フェリシモの事業に使っているさまざまな機能を神戸と掛け合わせて何かできないだろうかと考えました。

お客さまに義援金を募ったり、社員向けの勉強会を「神戸学校」（p78）に変えたり、「神戸カタログ」（p50）を企画して、地元でものづくりをしている人たちに売る場所を提供したり、何十種類ものプロジェクトを立ち上げました。神戸移転はフェリシモの存在理由を以前とは異なる次元に昇華させてくれる契機となりました。以前から取り組み続けていた、事業性・独創性・社会性の同時実現（p129）が、加速度的に進みました。

フェリシモさんが定義する「しあわせ」とは？

「しあわせ社会学の確立と実

践」という経営理念を掲げるフェリシモでは、しあわせについて次のように考えています。しあわせには「相対的なしあわせ」と「絶対的なしあわせ」があります。前者は人と比較して優位に立つしあわせです。今の社会は、比較優位のしあわせ感が蔓延しすぎていると思います。オリンピックのある種目で勝者になれるのはたったひとりです。その背後に多数の敗者を生み出すという構造です。一方で絶対的なしあわせには勝ち負けという概念は存在しません。自分が信じること、自分の好きを追い求めることで得られるしあわせ感は他者を排除する必要がありません。つまり、すべての人がしあわせだと思える状態をつくり出すことが可能となるのです。

　中核価値とする「ともにしあわせになるしあわせ」（p131）の具体的な実践として、さまざまなプロジェクトを実施することで、これまでの34年間で総額31億円、人数にして、のべ828万人のお客さまに参画していただいたことは、奇跡のような事実です。ただ、「過去」の数字に満足せず、未来へのアクションにつなげていくことも必要です。

　そこで、「GO!PEACE!」というプロジェクトを立ち上げました(p134)。1000万人の生活者と、1万社の企業と、1万人の専門家・キーパーソンで、人と社会をしあわせにするプロジェクトを生み出していくためのプラットフォームを創り出すことで未来へのアクションとしていきます。

　小売業の会社なら、「ビジネスと生活者をつなぐ」B2C(Business to Consumer)までは意識していることが多いと思いますが、フェリシモはそこにA(Authority／専門家)を加え、ABCで力を合わせて未来の「ありたい」を掲げて実現していこうとしているのです。

　「GO!PEACE!」プロジェクトでは、さまざまなプログラムを立ち上げています。もちろん、すべてについてリリースを発信していきます。メディアを通じたアウトプットや、お買い物やプロジェクト参加を通じて応援してくださるみなさまの口コミなどにより、社会全体からいろいろなお話をいただけることも増えるでしょう。1000万人が本気になったら未来は確実に変えていくことができると思います。

　いったい、どんな化学反応が起こるのか？ワクワクしています。

「この商品、いったいどんな人が企画したのかしら……？」
「この文章、書いているの、どういう方なの……？」

ほかにない独創的な商品やカタログなどを
世に生み出し続けるフェリシモさん。
「中の人もきっと個性的なんだろうな……」
——はい、その期待、裏切ることはありません！
奔放に自身の“フェリシモ愛”をつづる方、
縁の下の力持ちの元ラクロス日本代表、
記念日を制定した広報・PR、期待の新入社員などなど
あふれ出る個性がとまらない！
そんな個性豊かな面々を支える、
ツワモノぞろいの協力会社さんにもご登場いただきました！

Chapter.4

あふれ出る個性が、とまらない！

超・魅力的！ 中の人はこんな人

偏愛
felissimo

あ、そこ。気がついちゃう感じ？

ザワつくほどのクセこそ、愛の証。

【偏愛フェリシモ】

〝中の人〟トップを飾るのは、社員の身でありながら、フェリシモ商品の購入者として「偏愛フェリシモライター」をつとめる、nayuさん&おなつさんです。

お2人は、ともにWEBコンテンツ制作・編集グループの所属。ふだんはフェリシモWEBサイトの運営をしながら、人気コンテンツ「偏愛フェリシモ」では、ヒトクセあり？なライターさんたちと一緒に、奔放に自身のフェリシモ商品への〝偏愛事情〟をつづっています。

まずは、先輩であるnayuさんに、「偏愛フェリシモ」が誕生するまでのお話を聞いてみましょう。

「フェリシモでは、年間約300の新商品がリリースされています。そのすべてを、各ブランドのカタログやWEBサイトでご紹介しているわけですが、フェリシモWEBサイト全体でのプロモーションを考えていくうちに、『つくり手側からのPRだけでなく、〝身近な誰か〟の信頼できるクチコミに背中を押されて、買ってみよう！と決めている人が実は多いのでは？』という思いにたどりつきました。フェリシモの社内で『あれ買った、よかった！』と話しているシーンをよく見かけていたので、買い手としての社員にクチコミしてもらおうと考えたんです」

「偏愛フェリシモライター」
nayuさん＆おなつさん

nayuさん（左）＆おなつさん（右）

偏愛
felissimo

nayuさんの投稿。他の社員さんの投稿などにも、たくさん触れられています。

個性豊かな偏愛ライターさんたち！

nayuさんたち編集部メンバーが、最初にライターとしてスカウトした社員さんは10人くらい。自分が企画した商品だから、といったおシゴトっぽい義務感からではなく、「ホントに欲しくて注文した人」「コレを買ってよかった〜最高にハッピー！」という、楽しい気持ちを表現するのが得意な人にお願いしたそうです。

　また、それぞれの担当業務に加えての執筆になるので、あまり負担にならないよう、〝月に何本〟といったノルマはつくりませんでした。そして、原稿のために無理に買い物をするのではなく、あくまで自分が欲しくて買い物をしたときに、書いてもらえるよう依頼しました。

「とはいえ、一つだけルールがあるんです。それは、自分自身が企画した商品を扱わないこと。たとえば、企画に携わっていただいた作家さんや協力会社さんの話を書くのはいいけれど、自薦はクチコミの説得力がなくなっちゃうのでNGです」

愛は細部に宿り、偏愛っぷりに人は共感する!?

「偏愛フェリシモ」サイトが公開されたのは2019年8月。公開早々、nayuさんは偏愛ライターたちの表現力に圧倒されていました。

　ふだん、紙やWEBのカタログに掲載する紹介文を書いている人が、仕事としてではなく買い手として書いた文章は、ひと味もふた味も違ったのです。

「まさに、偏った愛ゆえに……なんでしょうね。ライターさんひとりひとりの言い回しにも個性が出ていましたし、『こういうところが、よくってさー』というエピソードが秀逸で社内の人ですら『へぇ、こんな商品があったんだ』と発見できる記事もあれば、企画をした人が『おっと、そんな細かいこだわり、気がついちゃう感じですか？』と、うれしくなるような記事もありました。ちなみに、商品がピックアップされたことは企画担当者に連絡していませんが、うわさで伝わることも多いみたいです」

　いい意味での偏った個性がな

「偏愛フェリシモ」についてわかりやすく語ってくれるnayuさん。

＼バーチーさんが撮影した投稿写真／

バーチーさんの投稿。社員も読者もザワつく、バーチーさんのハム愛。アクセス数も♡も増加中。

くならないよう、文章は誤字脱字の修正など最小限にとどめ、写真もライター自身が撮影したものを、そのまま使う。いまでも続く編集方針です。

たとえば、ハムスター愛あふれるライター・バーチーさんの投稿は、愛好家にはたまらない、「おしり」にズームした写真がいっぱい。

ハムちゃんポーチに合わせて、定期便で購入した輸入スイーツをむぎゅむぎゅっと詰めて、身近な人にプレゼントする様子は、愛し子を送り出す飼い主さんを思わせます。

まさにインフルエンス✨あふれ出す愛は人から人へ！

nayuさんが語るには、「バーチーさんは、誰かに感謝を伝えるには、ハムちゃんを贈るのがいちばん♡と信じておられるフシがある」とのこと。

もしかしたら「偏愛フェリシモ」は、単に商品の価格や特徴を伝えるコンテンツではなく、商品を通じて何ができるのか？というアクションやカルチャーを教えてくれる場所なのかもしれません。

今月のフェリシモは？

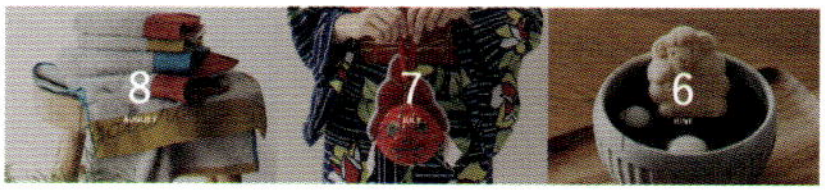

記事のタイトルが、『歌の名前』になっているこだわり！

誰かに贈る話を書いているバーチーさんとは逆に、ギフトショップ『ほんのき』(※)で推しをそっと支えるギフトをプレゼントしてもらったときのエピソードを書いたのがおなつさんです。

入社直後の2022年5月に偏愛ライターに立候補。翌6月にはじめての記事が掲載された

おなつさんは平成生まれながら、古着屋さんや喫茶店（カフェじゃない！）、アンティークなものにあこがれる個性を、しっかりアピール。

＼マルサさん／

＼ミーナさん／

＼むいさん／

という期待の新人です！
「母がフェリシモの大ファンで、物心ついたころからフェリシモの洋服を着せてもらっていた、みたいな生い立ちです。何かしら特徴を持って偏愛っぷりを伝えている先輩ライターさんの人気が高いので、私も自己紹介でキャラを伝えるよう工夫しているつもりです。偏愛フェリシモを読んでくださった方に、『こういう人がすすめるなら買ってみようかな』と興味を持ってもらえたら……」と

　そんなおなつさんに刺激されたのか、同期の中からも偏愛ライターになりたいという声があがるようになりました。

　ライターだからといって、文章だけで勝負している人ばかりではありません。イラストが好きなむいさんは、商品をコーディネートしたイメージイラストを添えています。

　また、世代もバラバラなので、20代女子のミーナさんにも、バブル期の残り香を帯びたマルサさんにも、それぞれに共感を寄せるファンがついています。

「いかにも〝企業公式〟っぽいコンテンツにはしたくなかったので、偏愛フェリシモを読んで『この会社、中の人に変な人が多くておもしろいな』といっていただければ本望です」とnayuさん。

　一方のおなつさんの夢は、フェリシモさんの公式サイトから飛び出して、お客さまたちがSNSでフェリシモさんへの偏愛っぷりをつぶやいてくれること。

「なので、お客さまと一緒に偏愛フェリシモを盛り上げるべく、もっとワクワクもっと楽しいコンテンツを作り上げていければと思います！」

(※)ギフトショップ『ほんのき』：フェリシモさんのHP内にあるギフトショップ。
①フェリシモさんの社員さんがバイヤーとなって、ギフトをセレクトする
②贈りものにぴったりのラッピングも提案する
③贈りもののストーリーを読みものとして楽しめる
など、三つの約束ごとがある

＼ギフトショップ『ほんのき』／

筋肉で包んだ絵心でひとり11役

体育会系アーティスト

【頼れる縁の下の力持ち！　純一さん】

野球界では、リアル二刀流で活躍する選手が話題ですが、フェリシモさんにも、11個の肩書を持つアスリート社員がいるとのことです。

　ファッション調達のリーダーとして活躍する、田中純一さんです。

　関西ユースやU20・U21の日本代表にも選ばれたラクロスプレーヤーである一方、休日には北海道から九州まで全国を回り、高校・大学やクラブチームの指導をしています。

田中純一さん

子どもの頃から、ずっと〝キャプテン〟だったそう。やっぱり！面倒見の良さが滲み出ちゃってます。

彼女が入社を切望していたフェリシモさんへ

田中さんが入社以来ずっと携わっている「調達」は、プランナーが商品に込めた愛がお客さまのお手元に届くまでを支える大切な仕事。商品をかたちにしてくれる海外工場など、お取引先との連携プレーが欠かせません。

　少年時代からスポーツでチームビルディングを経験してきた田中さんが、その力を思いっきり発揮できるポジションです。

「リブインで20年以上縫製をお願いしている工場がありまして。そこの社長さんとは、小さなほつれでも色落ちでも、お互いに妥協を許さない関係です。ラクじゃないですが、最終的にお客さまが喜んでくださること

Live in comfort

で、実績となりつぎの仕事につながります。結果みんながしあわせになる、そんな仕事がすごく楽しいし誇りに思ってます！」と、前のめりに語る田中さん。

学生時代に付き合っていた彼女が、必死でフェリシモさんの入社試験の課題をやっているのを横から見ているうちに、眠っていた絵心がむくむくと目覚め、『雑貨と子どもが大好きなアスリート』という自分カタログ（※）を描いてエントリー。

ご縁がなかった彼女とは対照的に三次試験までするすると進んだ田中さんは、会場で配られたフェリシモさんの商品カタログを見て、ようやくどんな会社かを理解したそうです。

「この筋肉💪で社会の役に立ちたいと思っていたので、第一志望は消防士でした。ただ、経済的に恵まれた家じゃなかったし、奨学金の返済もあったから就職浪人しないために、何社か受けたんです」

内定をもらったうちの1社は、今も昔も超大人気の世界的企業。

「どこも素敵な会社でしたが、直感で迷うことなくフェリシモに決めました」

「キーボードの一本指打法」から大躍進

入社して間もないころは、Excelを「エックス」と読み間違え、一本指打法でキーボードに向かう姿から、冗談で「時給300円」と呼ばれていた田中さん。

でも、スポーツと決めたらトレーニングに、受験と決めたら勉強に打ち込むなど、目の前のことに全力を注ぐ性分を生かし、調達の仕事で着実にステップアップしていきました。

いまや、部門横断で調達について検討する「未来の調達を考える会」の座長です。

すごい！

「たとえば、中長期的に考えると中国以外の国での生産が必要な商品に関して、バングラデシュやミャンマーでの生産を考えたり、あるいは調達に限らず採用や人材育成をどうしていった

身ぶり手ぶりをしながら熱く語る純一さん！

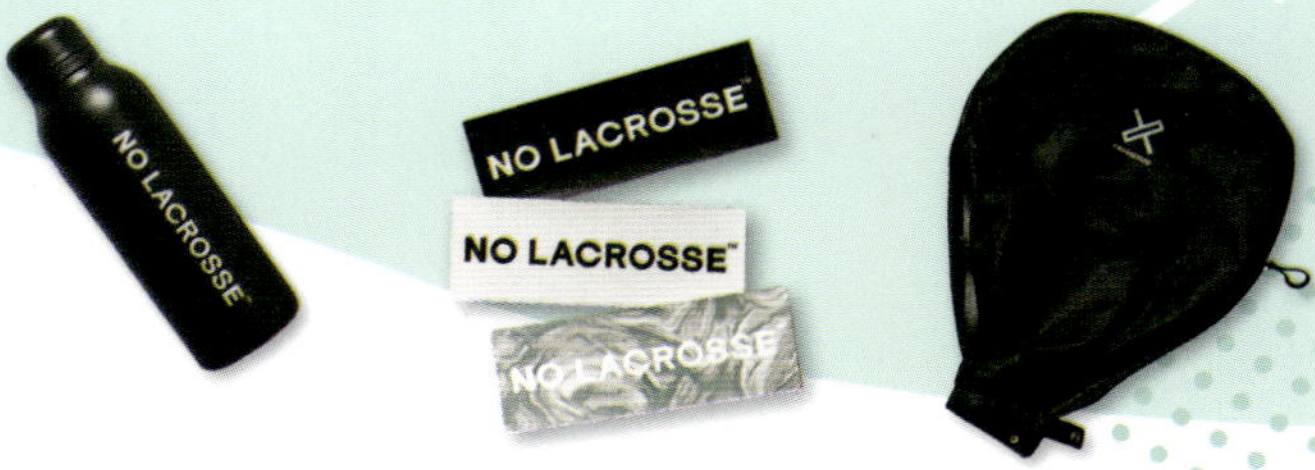

らいいのか、ということを部門を越えて考えています」

さらに。

2022年からは、物流企画にも関わっています。

フェリシモさんが販売する商品数は年間でおよそ2万点。定期便が届いて「カタログで見た通りの商品が届いた！」とお客さまに満足してもらうためには、サプライチェーン全体をコントロールしなければなりません。これからは、発注予測にAIを導入するやり方なども検討することになるでしょう。

「仕事とチームスポーツは似ている部分があります。たとえば、たくさんの課題があるように見えても、一つ解決すれば全部解決するというようなセンターピン的な課題があって、それを見つけて手を打つというようなことです。今はリーダー的立場なので、自分で考えるだけではなく、みんなで解決すべき課題を一緒に見つけます。ひとりひとりの特性に合った役割分担にできてるかとか、成長を感じられてるかなどに意識を向けています。たくさんの仕事をやってしんどいというよりは、給料をいただきながらたくさんの経験ができているので、楽しいって思ってます」

ラクロス文化への愛♡が新しいビジネスの原動力に

さらに、さらに。

フェリシモさんの社員として八面六臂の仕事ぶりを見せる田中さんは、2022年に一般社団法人キッズ&フリーを立ち上げ、代表に就任。子どもたちがラクロスを体験する場をつくりました。

「引っ込み思案だった子が、ラクロスがうまくなって大人たちにめっちゃほめられたあと、学校で自分から手を挙げられるようになったんです。ラクロスは

プレー中に着用する本格派ウェアから、デイリーで楽しめるものまで、オリジナル商品を販売するファッションスポーツブランド「CROSSE DOG®（クロスドッグ）」。

裏ボアパンツ。愛されて15年。シリーズ販売累計72万本（2024年5月末現在）の大人気商品。

裏側にはボアがみっしり。ボアの長さまで、細かくこだわったとか。

スティックを使うので、投げたり取ったりするのが少しむずかしいところが逆によく、できなかったことができるようになる成功体験をたくさん経験することができるのが魅力です」

　また、『ラクロスメイクフレンズ』というキャッチフレーズが示すように、自ら声をかけて他チームの練習に参加し、技術や考え方を学び合う慣習が根付いており、「ともにしあわせになるしあわせ」をコアバリューにして大切にしているフェリシモさんの社風に通じるところがあるそうです。

　それに先立って2019年にはラクロス用のおしゃれなグッズを企画・販売する事業も会社公認で立ち上げていたそう。

　新しいビジネスや仲間とお客さまの気持ちにいつも敏感な田中さん。

「仕事をしてて、いちばんしあわせな気持ちになるのは、街中で商品を見るときです。たとえば、『裏ボアパンツ』は企画のみんながこだわりにこだわり抜いて、魂を込めて企画しています。そんな商品を知っているので、街で見かけるとお客さまに対して、ありがとう!!という気持ちになります。リーダーとしては、数字も大事ですが、数字にあらわれない気持ちや職場の雰囲気も同じくらいみんなのパフォーマンスにとって大切ということを忘れないようにしたいと思ってます」

（※）自分カタログ／フェリシモさんで40年以上続く採用課題。定員の何百倍におよぶ応募者に選考過程で出され、20ページの白紙の冊子に自分自身をカタログで表現してください、というもの。やりたいこと、考え方などを表現してもらい人物を見るそうで、どれも力作だそう。

髪型やポーズでも楽しめる！
めくるめく**おそろい**の世界

【11月11日／おそろいの日】

親子服からはじまったフェリシモさんの「おそろい」

11月11日が記念日「おそろいの日」であることを知っていますか？そして、それを制定したのがフェリシモさんだってこともご存じでしょうか？

　ことのはじまりは、1990年代はじめに発行したカタログ『こども絵本』の中で、親子コーデを楽しみませんか？と提案したことからです。

　小さなお子さまとお母さまやお父さま、あるいは兄弟姉妹で、同じデザインのコーディネートを楽しむ「おそろい」は、多くの人に受け入れられ、いまでは、ツインコーデやリンクコーデなど、おそろいの楽しみ方や可能性がますます広がっています。

　記念日「おそろいの日」の制定により2016年に、記念日を認定・登録する一般社団法人・日本記念日協会から第11号「記念日文化功労賞」を受賞。その後もリブ インコンフォートなどで、親子がおそろいで着られるファッションを提案してきました。

　しかし、広報の中島健太郎さんは、年を追うごとに「おそろい」の可能性はもっと高まり、広げられると感じているそうです。

「親子だけに限らないのでは？もっといえば、洋服だけにとどまらないかも？と思うようになりました。たとえばオタ活部のブランド『OSYAIRO』（p68）には、大好きな推しの色を持っているだけでうれしいとい

11月11日は

#おそろいの日

みんなでおそろいを楽しもう！

うお客さまがいらして、色で推しや同じ推しがある人同士がわかる、つながることができます」

既成概念をくつがえす クリエイティビティが続出!?

【おそろい】
衣服の色柄や持ち物などが同じであることを丁寧にいう語。
（出典：デジタル大辞泉）

「おそろい」の定義を広げて考えてみたら、とんでもないポテンシャルが見えてきました。

ヘアメイク、雑貨、グルメ、スポーツ、エンタメ、SNSのポージング、ダンス、アート、音楽、スイーツやドリンク、推し活など、ファッションにとどまらない、あらゆるジャンルに「おそろい」はあるし、人だけでなく愛猫や愛犬など動物とだって「おそろい」は可能です。

たとえば、愛情を♡のポーズで伝え合うような、「ポージング」をみんなで考え合う「おそろい・ポージング大賞」のようなイベントも企画して楽しめ、事業者もその応援ができる機会ととらえてみれば、フェリシモさんの「ともにしあわせになるしあわせ」というコア・バリューを見えるかたちにできるし、フェリシモさんだけにとどまらない、しあわせ文化の共通の誰もが使えるコンテンツになるだろうと中島さんは確信。

これをSNSで広めることで、身近な誰かと同じ好きなコトでハッピーになれる「おそろいの日」を知って参加してもらう機会にしたいと、たのしいPR企画室の岡野綾香さんに声をかけました。以前から、フェリシモさんの公式XやInstagramで『中の人』をつとめ、WEBプロモーションのノウハウを知っている頼もしい存在です。

「1年目は社員が自ら楽しむことからはじめました。専用のハッシュタグを決めたり、2人

中島さんと岡野さん。「おそろい」の笑顔とポーズ！

「魔法部」「YOU＋MORE!」「IEDIT」おそろいだらけ！

並んで指で「11」と「11」をつくる『おそろいポーズ』で動画を配信したり。私自身も『あれ、おそろいやん！』と偶然を装って声をかけるため、わざと誰かとかぶりやすいフェリシモのワンピを着て出社していましたね。こども服とは無縁の仕事をしている人たちにも、『おそろいの日』の取り組みを知ってもらえたと思います」

広報とプロモーションの達人2人による呼びかけによって、社内で楽しそうと共感してくれた人や部門、ブランドの担当者の人たちが参加してくれました。

オリジナルアイテムを着て、魔法学校生の放課後の風景を再現してみせる「魔法部」(p67)。「タンタンのおにぎりパンダスクイーズマスコット」をバッグにおそろいで付けた「YOU＋MORE!」(p22)。

ファッションブランド「IEDIT[イディット]」のスタッフたちは、チームでおそろいのホワイト・リンクコーデを楽しんで、一体感や、たくさんの人数で楽しめるおそろいを見せてくれました。

有形無形あらゆる分野に ふふふ……な「おそろい」が

気づけば、リリース発信から半年ほどで、「#おそろいの日」の投稿はXとInstagramを合わせて300件ほどに増加。

そこで2年目は、社外の人たちとも行っていける活動にしていこうと作戦を立て、フェリシモさん内外を盛り上げている別部署にも声かけ！

「楽しかった実感が持てたから、『一緒にしましょ！』と誘いやすかったですね」(中島さん)

会社の枠を飛び出していく「おそろいの日」は、一気にバリエーションを増していきそうです。

母娘でおそろいの髪型、おそろいのお茶碗とお箸、同じおみくじでみんなおそろい♡3人の子どもがおそろいの寝相など。

「何かがそろうと、それだけで『ふふふ』と笑ってしまう瞬間があるんだと、お客さまに教えていただきました。〝ともにしあわせになるしあわせ〟というフェリシモのコア・バリューを体現したような〝おそろい〟こそ、しあわせな文化(p126)をつくることに貢献できるんじゃないかと思います」と岡野さん。

マーケティングの仕事では、どれだけお客さまが購入してくださったかという数字が指標だったけれど、たのしいPR企画室では、「おそろい」という文

フェリシモ「猫部」（p67）のオリジナルアイテム『あの猫《コ》とおそろい!?　プニプニ肉球の香り　ハンドクリーム』で、大好きな猫ちゃんとおそろいに。

化を広げることや、生活者が主人公になれるような取り組みであるかなど、数字だけでは測りにくい価値も重視しています。

一方の中島さんは、「おそろいの日」を一社で占有するのではなく、「記念日」を生活者と事業者のみなさまと一緒に楽しんで、ハッピーになれる「おそろい」を文化（しあわせ文化創造）として広めていきたいと、語っていました。

23年4月1日には「エイプリルドリーム」としてその夢をプレスリリースで発信。

『しあわせ社会の創造を目指すフェリシモは、〝おそろい〟を楽しむことで街中に笑顔の花を咲かせ、世の中をHAPPYにする「#おそろいの日文化推進準備委員会」を発足いたしました』

24年からは、アンバサダーを募集したり、Z世代と一緒に新しいポーズを考えたりと、おそろいの日文化をさらに推進していきたいと話します。

「おそろいには、競合や競争をすることもないので、やればやるほど、世界が11月11日は『おそろい』でしあわせが倍以上になる。SNSを使えば、おひとりの方や、家族と離れて暮らしている人も、つながりがあっておそろいが楽しめますよ。ハロウィンがこれほどまでに普及したのだから、11月11日になったら、日本のおそろいを見に行こう！と海外からお客さまが集まるくらいにならへんかな。私がフェリシモを退職したあとも、おそろいの日は毎年めぐってくるので、どんどん楽しまれるようになってほしい」と中島さんは最後まで熱く夢を語っていました。

ヒット商品爆誕の陰に
ベストパートナー企業あり！

限界知らずのフェリシモ企画を技と愛で支える
神！紙加工屋さん

カクケイ株式会社

メガネふき、ペーパータオル、養生テープなど、毎日使うものだからこそ、かわいいものが欲しい！

そんな気持ちに応えてくれる雑貨ブランドの一つが、「ガラフル」です。

自分へのご褒美や、ちょっとしたプレゼントにぴったりのプチプラで、「何が届くか楽しみ

01.ジュエリーを磨く気分でスマホもふける
メガネふき〈ミニサイズ付き〉の会

02.使うたびフレッシュ　吸水ポケットペーパータオルの会

01

02

かわいく養生　ピリッとちぎれる
パリつや耐水テープの会

美しい自然をまとった
パチッと閉まる
マチ付き袋の会

なワクワク感」「誰にどれをあげようかと想像して選ぶハッピーな時間」「使ったときのトキメキ」、そんなたくさんのトキメキとしあわせを詰め込んだアイテムがずら～り。

「実はいま、ガラフルの新商品として『マチ付き袋』を開発中なんです。当社は、製袋(注：袋をつくること)が得意なんですが、僕は社歴が浅いうえに不器用で、マチとチャックの付いたサンプルをつくるだけで四苦八苦。やっとできたのも残念な見た目だったのに、フェリシモさんの担当者さんは、まず『ありがとうございます』って言葉をくださって……。となればこちらも、理想に近づけるために何度も何度もあきらめないぞって、ファイトがわいてくるじゃないですか。『すぐに無理といわず、とりあえずやってみる』が、当社のモットーですしね」と開発の裏話を聞かせてくれたのは、カクケイ株式会社の営業担当・遠藤璃大さんです。

なにを隠そうカクケイさんは、日本一の紙の街と称される愛媛県四国中央市に本社を構え、2023年に創業100周年を迎えた紙加工の老舗。

2023年に、ガラフルシリーズで4度目となる「フェリシモ　ベストパートナー賞(※)」を受けるなど、たくさんのヒット商品を陰で支える存在なのです。

やりたいという想いを優先しできる方法を探していく

四代目社長の井原博史さんが、営業担当として入社した25年前、カクケイさんは優れた技術を持ちながら、来た仕事を誠実にこなすだけの会社でした。

全部柄の違う100枚便せん

井原社長は、そんな状況にちょっぴり不満があったそうです。「印刷するだけ、袋にするだけじゃなくて、もっと夢のあることをやりたくて。ある日、バラエティショップの売場でフェリシモさんの『全部柄の違う100枚便せん』が、飛ぶように売れているのを見て、紙加工の専門メーカーとして、これくらいのものを作っていこうと決めたんです。まったく、やったことがないくせにね」

　歴史や実績のある会社ほど、いままでの商慣習や業界の常識にとらわれがちですが、やりたい！つくりたい！という気持ちを優先し、いまの会社に何をプラスしたらイノベーションが生まれるかを探そうと、発想を変えたのです。

　さっそく、『全部柄の違う100枚便せん』の裏表紙に書かれていた住所を頼りに、飛び込み営業で熱意と技術力をアピールした井原社長は、念願のフェリシモさんと取り引きを開始することができました。

「世の中にないものをゼロからつくっていくアイデアを聞くと、その瞬間からワクワクが止まらなくなりました」と、どんどん熱くなる井原社長ですが、当時は四国中央市に800以上ある工場の一社で、大手の製紙会社のような生産能力はありません。

　しかし自社の印刷・加工機だけでは、思っているような商品がつくれそうにないとわかると、すぐさま周りの同業者に機械を貸してくれないかと頼んでまわり、いままでいう〝コラボ〟で、見たこともない企画をかたちにしていきました。

　たとえば、フィルム撮影が当たり前だった時代に誕生した「写真のネガを保存するファイル」はDPEショップの流行とともに大ヒット。

　そして、家庭用ファックスが普及するのに先がけて販売した「のほのほ　キャラクター　ファックスシート」は、カクケイさんにとって初の「ベストパートナー賞」となる最優秀品質管理賞につながったのです。

　また、社内に手作業の内職チ

ームを立ち上げ、封筒と便せんとシールが一緒になった『セットアップ商品』もつくるようになり、売上げも伸びました。

「そこから5年10年かけて社内の設備を少しずつ更新していきました。いまでは、レーザーカット機や、海外メーカーの加工機もそろっています。紙だけでなく、不織布やフィルム、食べられるシートにも印刷できますし、箔押しや型抜き、ラミネート加工や厚紙の加工などもお手のもの。フェリシモさんのおかげで、できることがどんどん増えていったんです」（井原社長）

無茶ぶり？に応えるために〝魔改造〟に挑む社員も

変わったのは、設備だけではありません。

どちらかというと保守的なベテラン職人が多かったカクケイさんに、ものづくりが大好きな人材が続々と入社するようになりました。

人が変われば発想も変わります。ものづくりに対する姿勢も変わります。

同じような企画が舞い込んできたとしても、紙を変えたらどうなるかを試したり、マシンを自分たちで改造して本来と違う使い方をしたり……と、失敗をおそれないチャレンジ精神が根付いていきました。

井原社長とは学生時代の同級生でもある、大阪支店長の乾益夫さんは振り返ります。

「昔は、いい企画をいただけたと思って社に持ち帰っても、頑固な職人さんから『そんなもん、できるか』とはね返されたもんです。でもね、やってみたら意外とできたやんというケースも結構ありました。その手応えがつぎの仕事へのモチベーションになっていきました」

一方、女性社員のリーダー格である杉本瑞綺さんは、フェリシモさんとの仕事を通じて、試行錯誤が楽しくなったそうです。

「正直いうと、入社するまでフェリシモさんのことを知りませんでした。担当させていただくことになってはじめてお訪ねしたら、会社の雰囲気はステキだし、おひとりおひとりが独自のセンスをお持ちで、刺激を受けました。ただ、印刷の色一つとっても、ざっくりというか、フワフワッというか、感覚的なお話が多くて、ちょっと戸惑いましたね。メールや電話など、言葉のやりとりだけでは伝わらないので、目の前にある試作品を挟んでキャッチボールを繰り返

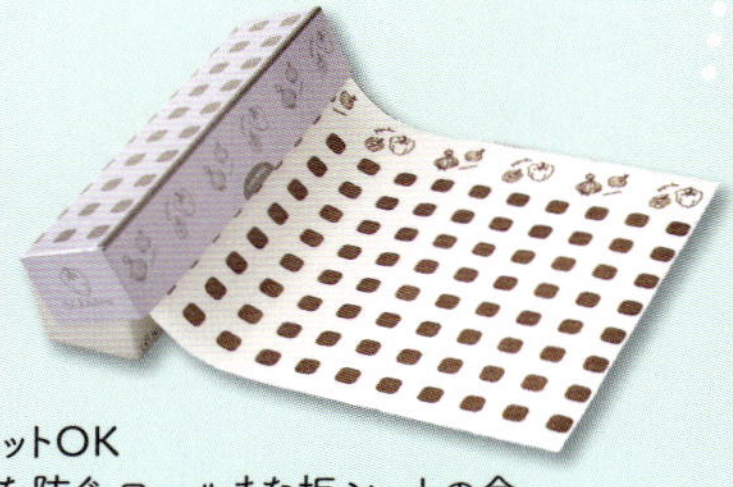

使いたい分だけカットOK
汚れ＆におい移りを防ぐ ロールまな板シートの会

し、細かいニュアンスを感じ取るようにしています。以前に比べて、フェリシモさんが何にどうこだわるかわかるようになってきましたし、自分たちができる最大限の工夫を、粘って絞り出す力がついた気がします」

フツーでもルーチンでもない だからこそ、おもしろいんです！

最近は、ステーショナリー雑貨だけでなく、『ロールまな板シート』や『交換するだけキッチン三角コーナー』といったキッチン雑貨や、「ワンス アデイ」の商品も担当するようになったカクケイさん。

「量販店などにはないコンセプトの商品ばかりなので、変わったデザインだなとか、本当に売れるのかなと思ったこともあります。……が、ほかにないから売れるんだ、それがフェリシモさんのオリジナル商品の魅力なんだとわかってきました。こちらから企画にNOということですか？ 技術的に不可能というとき以外は、ありません。社内がいつのまにか、ルーチンじゃない仕事ほどおもしろがる空気に変わってしまったので」（乾支店長）

フェリシモの特徴である定期便商品「1000のしるしでつながる気持ち メッセージスタンプ」では、2010年「ベストパートナー企業」で優秀賞・生活雑貨部門賞に輝きました。50回届く定期便で1000柄のスタンプを生み出すのは、さぞ大変だったはず。

「考えることもやることも山積みで、やってもやっても終わらない……感じ。でも、完成した商品がカタログに載ったのを見たときの喜びは言葉にならないほどでした」と乾支店長。

「しんどい、めんどうくさいといって投げ出す人には、わからへんやろなぁ。よく売れたし、追加発注もいっぱいいただきまして、買ってくださった方も喜んでおられると思うと、メーカー冥利に尽きます。常に買ってくださる方、使ってくださる方のほうを向いてものづくりをする姿勢はフェリシモさんと当社の共通点だと自負しています。さらにフェリシモさんは在庫の引き取りやクレーム対応のようなネガティブなことにも笑顔と感謝を忘れずに接してくださるのが素晴らしい。取引先にも愛を持って接するところも見習いたいと、私もがんばっているところです。三方良しというか四方良しというか、これが『ともにしあわせになるしあわせ』な

大きく開いて
汚れたら交換するだけ
キッチン三角コーナーの会

Once a day
ワンス ア デイ

んですよね」と井原社長。

　2017年に社長に就任したとき、経営理念として「仕事を楽しめる会社」、「皆が幸せになる会社」を掲げ、全社一丸となってしあわせ社会の実現を目指しているそうです。

手間と時間をかけた後ほど味わいは深くなるもの

　そんなカクケイさんの愛♡は、けっして一方通行ではありません。

　2023年4月に催されたカクケイさんの100周年記念パーティーでは、オリジナルの記念品としてつくってもらった、フェリシモ「エフワイナリー」（p14）の海底熟成ワインが600本以上も配られ、フェリシモさんからも矢崎社長が列席しました。

　実は、コロナ禍で対面の商談が減ってしまった間も、カクケイさんからフェリシモさんに不織布マスクが送られ、フェリシモさんの企業ワクチン接種にカクケイさんの社員が参加するなど、途切れることなく交流が続いていたのです。

　そして、大切な節目を祝う日に備えて、とっておきのワインを仕込んでおきましょう……と、井原社長と矢崎社長の間で約束が交わされたのでした。

「10年早くても、10年遅くても実現しなかったと思うので、やっぱり『運命の赤い糸』で結ばれているんだなと思っています。冷たい海底でじっくり熟成されたワインがとてもおいしかったように、大変なやりとりを経て生まれた商品にこそ、人を喜ばせる力があるんじゃないでしょうか。私たちは、次の100年に向けての中長期ビジョンでは、食品、コスメ、介護などの分野にも踏み出していきたいと思っています。

　賞をいただいた「かわいい1000個のイラストがささっと描けるようになっちゃうプログラム（p48／カクケイさんはイラスト帳の製作を担当）」のように、モノを売るだけではなく、体験をしてもらったり、趣味や文化を広げたりすることで、ライフスタイルにしっかり食い込んでいくような商品を、フェリシモさんと一緒に提案していけるようがんばります」（井原社長）

（※）フェリシモベストパートナー賞：商品・サービス・システム・物流関連のお取引先、すべての関係団体ならびに個人の中から、フェリシモさんとお客さまをつなぐ、新しい出会いや未来の一歩をともに創っていただいたパートナー1社（ひとり）に毎年贈る賞。

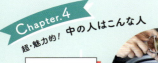

フェリシモさんに届く、
全国のお客さま（ファン）からのさまざまな声。
その「ほんの一部」を初公開！ &
全国津々浦々にいるファンとの座談会も！
さらには、30年近くも前のフェリシモさんの思い出を
語った特別インタビュー。
注文していないのに、突然届いたお届け箱。
いったい、なぜ？　その真意とは――。
フェリシモさんが大切にしていることは、
昔も今もまったくブレがありませんでした。
そして社員さんからは、
フェリシモさんのファンに向けた
メッセージをいただきました！

Chapter.5

LOVE♡フェリシモさん！

Thank you♡ファンのみなさま！

フェリシモファン座談会＆ファンレター＆メッセージ集

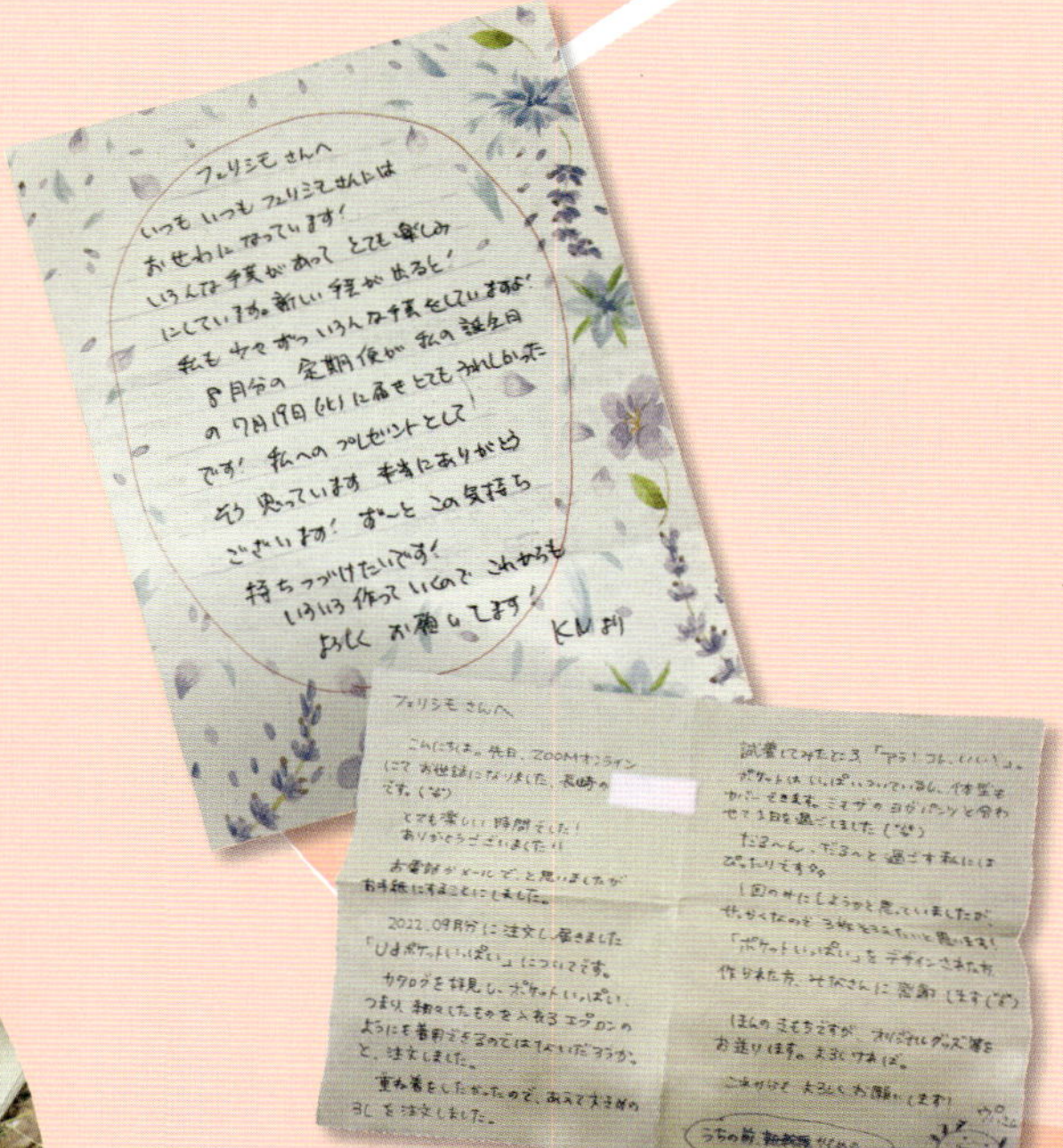
フェリシモさんへ
いつも いつも フェリシモさんには
おせわになっています！
いろんな手芸があって とても楽しみ
にしています。新しい手芸が出ると！
私も少々ずついろんな手芸をしていますが
8月分の 定期便が 私の誕生日
の 7月19日(火)に届きとてもうれしかった
です！ 私へのプレゼントとして
そう思っています 本当にありがとう
ございます！ ずーと この気持ち
持ちつづけたいです！
いろいろ作っていくので これからも
よろしく お願いします！
KMより

フェリシモさんへ
こんにちは。先日、ZOOMオンラインにてお世話になりました、長崎の です。(笑)
とても楽しい時間でした！ ありがとうございました！
お電話かメールで、と思いましたがお手紙にすることにしました。
2022.09月分に注文し届きました「ひよポケットいっぱい」についてです。
カタログを拝見し、ポケットいっぱい、つまり、細々したものを入れるエプロンのようにも着用できるのではないだろうか、と、注文しました。
重ね着をしたかったので、あえて大きめの3Lを注文しました。
試着してみたところ「アラ！コト、いい」よ。
ポケットはいっぱいついているし、体型もカバーできます。ミモザのヨガパンツと合わせて3日を過ごしました(笑)
だるーん、だるーと過ごす私にはぴったりです。
1回のみにしようかと思っていましたが、せっかくなので3枚そろえたいと思います！
「ポケットいっぱい」をデザインされた方、作られた方、みなさんに感謝します(笑)
ほんの気持ちですが、オリジナルグッズ等をお送りします。
これからもよろしくお願いします！

LOVE♥ フェリシモさん

——シンパシーを感じる理由とは？

Café Felissimo開店〜フェリシモファン座談会

いつもフェリシモさんを楽しんでいる
5名のファンのみなさまと、
「フェリシモさん大好き!」を語り合う
オンライン座談会を開催いたしました。

参加者プロフィール

おつゆ。（大阪府在住）
小学生の頃からのフェリシモファン。
デザイン会社勤務。

どんこ（千葉県在住）
見るだけブランドと購入ブランドを
使いわける会社員。

塩にぎり（長崎県在住）
お母さんと一緒に愛用。
レッスン系にも興味津々。

かかち（愛知県在住）
幼稚園に通う子を持つママ。
クチュリエ沼にハマっている。

けーこ（北海道在住）
ふたりの息子さんにも、
フェリシモ好きが
バレているママ。

——はじめてフェリシモさんで商品を買ったときのこと、覚えていますか？

おつゆ。 小学生か中学生のとき、ビーズでネックレスなどをつくるキットをずっと取り寄せていました。それがファーストフェリシモです。

当時、手芸にハマっていたので、近所でも糸とか買うのですが、華やかなものが売ってなくて。

フェリシモさんは斬新でした。「こんなもんが、こうなってて、できんの！」みたいな。そのときにいただいたボビンセットは、引っ越してからもずっと持っていました。

どんこ 私は雑誌か何かについてきた、フェリシモさんのちっちゃいカタログがきっかけだったかと。20年くらい前からです。自分の部屋の家具をそろえるために、なんかちょっと気になったも

桜なでしこの風呂敷

ぽんわりパンツ（※色・素材ほか、さまざまな種類があります）

のがあって、ためしに頼みました。
その後も毎月ではなく、カタログなど見て、家具以外も気に入ったのだけをちょいちょいと頼んでいました。

塩にぎり 私は2020年8月10日の月曜日(参加者一同、「めっちゃ細かく覚えてる！」と感嘆)。

新聞広告で「ぽんわりパンツ」を母が見つけまして。

母はパソコンもスマホも全然なので、私に頼んだんですよ。「これを買って」って。

「うん。よさそうやけど、どやろか」で、「私も、じゃあ買ってみようか」。これが、ファーストフェリシモで、以来、お世話になっています。

今日のこのエプロンとパンツもフェリシモさん。カタログを母と私で一緒に見るんですよ。


——かなり前から愛用しておられる方もいますが、途中でやめたことはないんですか？


かかち 私のファーストフェリシモは、20年くらい前です。覚えている人いるかな。「桜なでしこ」の、この風呂敷が欲しくて買いました。

かわいいモノが欲しかったときに、1年間登録するともらえるというので、狙って。

でも、そのあとは、一応(カタログなど)は見ているけどやめてしまって。

その後、生活環境の変化などで、「暇だな」ってときにアクセサリーづくりをはじめて。

ネットでアクセサリーキットを調べていたら、「これかわいいな。クチュリエか。どこのか。あっ！」。

ピン！ときたのがフェリシモさんで、それが7年前です。


けーこ 私はファーストフェリシモって、遥か彼方、全然覚えてないです。

フェリシモさんって、何が来るかわからない。自分が気に入らないものが来たときに、「あーつぎはやめよう」とか思ったりということもあって。

ちょこちょこはずっと買っていたのですが、10年くらい前に、友達の影響もあって「フェリシモって、やっぱりおもしろいな」って。

そこから、それまでのペースよりかは、割と頻繁に買うようになりました。


おつゆ。 私は大人になって、結構長いこと休止して、数年前から再開しました。

今は手芸ではなく、お洋服やお掃除のキットを愛用しています。

靴下飯店のおいしい中華ソックスの会

――好き過ぎてリピートしている商品、誰かにすすめたり、聞かれたことのある商品を教えてください。

けーこ 靴下（「靴下飯店のおいしい中華靴下」／販売終了）。すごく気に入って、友達や姉に見せたら「そんなん、どこで買うたん？」「フェリシモさん」「フェリシモかぁ！」。「そんなんつくるの、フェリシモやな」と納得されます。やっぱり、クスッと笑える。

息子2人にも自慢して。シューマイのグリーンピースがぴょんって出ているんですよ。「それ、なんか母さん好きそうやね」って。

そして、この靴下に合わせて、ふだん自分だったら選ばないようなドレッシーな感じのジャンパースカートを注文したんですよ。カタログ見て、かわいい、なんか着てみたいって。

定期的に買っているのは、「お風呂の排水口ネットの会」などのお掃除グッズです。

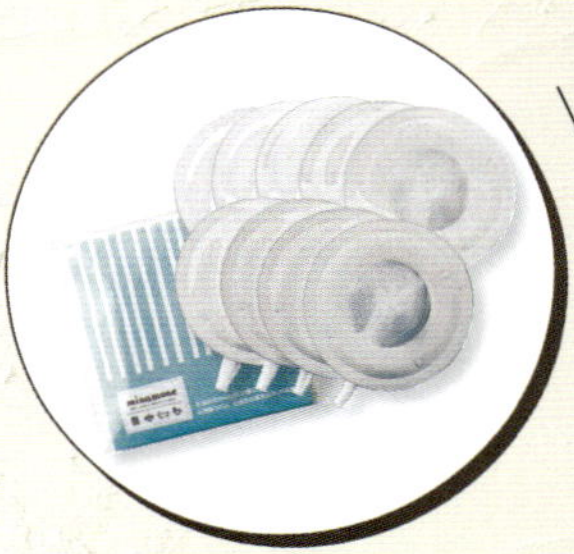

目皿の代わりにポンと置くだけ お掃除らくらく お風呂の排水口ネットの会

1/d for Drain 排水口ヌメリ予防剤バイオの会

かかち 私は「排水口ヌメリ予防剤バイオの会」をずっと愛用していて（全員、「そうそうそうそう」とめっちゃうなずく）、排水口が本当ににおわなくなりました。

妹が住む、うちの実家が古く、排水口がめっちゃくさいんですよ。本当ににおいが上がってきて、しかも外まで掃除しないとダメだった。そこで、妹に10個くらい、まとめて送りつけまし

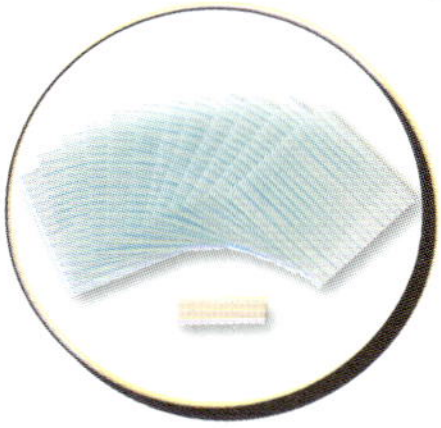

カット不要！すぐに使える15㎝サイズの換気扇フィルターの会（30㎝サイズもあります）

リブ イン コンフォート はまじとコラボ 足もとが華やぐ 豪華なレースガウチョパンツ〈ピンク〉

Live love cotton（リブラブコットン）

た。そうしたら、におわなくなりました。バイオの力を生かした商品なので、「環境にやさしくて、手間じゃなくて、何かない？」という妹の要望にも応えられました。

　また、「リブラブ コットン」（p23）は汗は吸うけど、汗じみは目立たない。着ててラクだし、色がキレイでおしゃれに見える。

　何か考えなくても、「あれ、ちょっとおしゃれっぽく見える」のが助かります。

おつゆ。　今日着ているこのピンクの、「はまじとコラボ 足もとが華やぐ 豪華なレースガウチョパンツ」、色をチャレンジしたんですけど。

　なんか、会社でめちゃくちゃ好評で。これを着ていると、みんなが「いいね！」「いいね！」といってくれるから調子（！）に乗ってます。

冒険したとき、誰かが何かをいって（ほめて）くれるのって、うれしいし、楽しくなります。

　ずっと買っていたのは下着とタオルです。

どんこ　換気扇フィルターですね。真っ白なものはほかでも売っているけど、フェリシモさんは、ブルーとかグリーンのラインが入っている。

　消耗品で、たぶん、夫も子どもも気づいていないけど……。

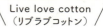

　お風呂掃除のブラシも、真っ白やグレーではなく、グリーンが入っていて、ボディーがちょっとかわいい。ハマっています。

塩にぎり　母は体型隠しで、ふんわりしたものを結構買っています（「わかる、わかる」と深くうなずく数名）。

　私は、いまも着ているこのエプロン（オーバーオール風）もですが、「ユーズド」系の服。しっかりした機能性の高いものが欲しかったんです。

仕事がガーデニング系で、プライベートでは料理に結構本格的にハマっていて。ポケットがたくさんついているのでハンカチを入れたり、ちょっとしたゴミが出たりしたときにも便利です。

ちょっとこう、ボロボロの上着とか着ていても、これを被るだけで、外向きになるかなって。もうなんか鎧《よろい》を着ている感じがあります。3枚そろえてしまいましたから。

――フェリシモさんの「同じものが色や柄が変わって毎月届く」システム、消耗品以外では、どう思いますか?

かかち　洋服も、だいたいが3回買いです。幼稚園に子どもたちを毎日送るけど、毎日同じ格好は……。下はジーパンであったとしても、上はかたちは同じでも色さえ違えば「違うの」ってなるから。

おつゆ。　私も洋服は3色買いが多いです。毎回どの色が届くのか楽しみだし、上下での色合わせが楽しかったりとか。色の組み合わせを楽しんでいます。

かたちがシンプルなものが多いので、そのかたちで色違いというのが、また合わせやすい。

どんこ　このぽわん袖のは、黒・白・グリーンの3色(買い)で、いま気に入ってます。

子育てしているときは、汗かくし汚れるからTシャツが大好きでした。でも、いま、職場には着ていけない。けど、ブラウスみたいなかっちりはイヤ。これなら、Tシャツのようにラクに着れて、それなりの格好に見える。

洋服は、「買う」ものと「見て素敵で終わる」ものに分かれるかもしれません。

――商品そのもの以外にも、フェリシモさんの魅力ってありますか?

塩にぎり　(伝票に載っている)「今月のこまどさん」を見るの、何か好きです。ひと言添えてくれるのが、機械的じゃないというか。

全部そろえたら、「全部そろいましたよ」というメッセージもそこに書かれていると思うんですけど、なんか、「あ、がんばったんやな自分」とか思います。

けーこ　待っている間もワクワクしています。

早く着たいなというのはあるんですけど、昔高校生だったころに、手紙を出して返事が来るまでのドキドキかな。年代限ら

今月のこまどさん

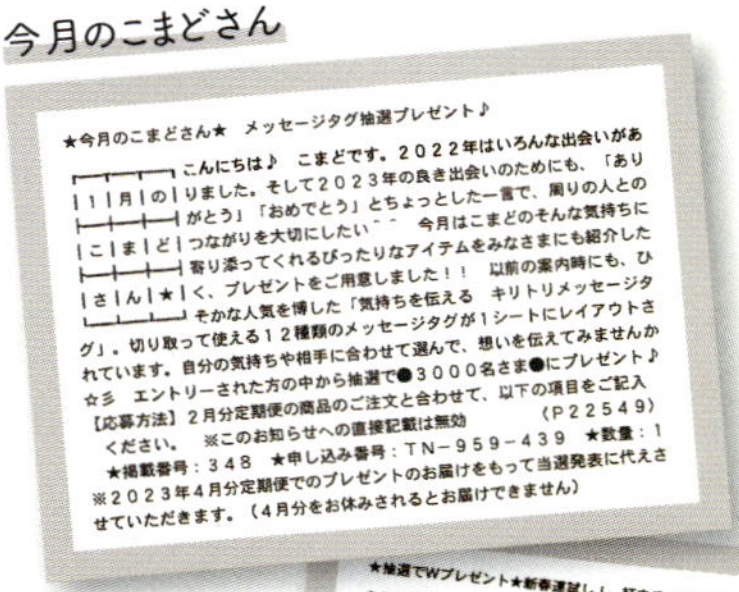

★今月のこまどさん★　メッセージタグ抽選プレゼント♪

11	月	の
こ	ま	ど
さ	ん	★

こんにちは♪　こまどです。2022年はいろんな出会いがありました。そして2023年の良き出会いのためにも、「ありがとう」「おめでとう」とちょっとした一言で、周りの人とのつながりを大切にしたい^^　今月はこまどのそんな気持ちに寄り添ってくれるぴったりなアイテムをみなさまにも紹介したく、プレゼントをご用意しました!!　以前の案内時にも、ひそかな人気を博した「気持ちを伝える　キリトリメッセージタグ」。切り取って使える12種類のメッセージタグが1シートにレイアウトされています。自分の気持ちや相手に合わせて選んで、想いを伝えてみませんか☆彡　エントリーされた方の中から抽選で●3000名さま●にプレゼント♪
【応募方法】2月分定期便の商品のご注文と合わせて、以下の項目をご記入ください。　※このお知らせへの直接記載は無効　（P22549）
★掲載番号：348　★申し込み番号：TN－959－439　★数量：1
※2023年4月分定期便でのプレゼントのお届けをもって当選発表に代えさせていただきます。（4月分をお休みされるとお届けできません）

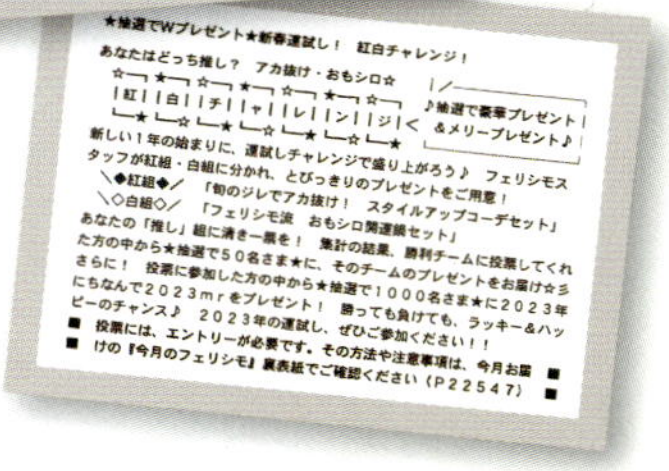

★抽選でWプレゼント★新春運試し！　紅白チャレンジ！
あなたはどっち推し？　アカ抜け・おもシロ☆

|紅|白|チ|ャ|レ|ン|ジ| ＜ ♪抽選で豪華プレゼント&メリープレゼント♪

新しい1年の始まりに、運試しチャレンジで盛り上がろう♪　フェリシモスタッフが紅組・白組に分かれ、とびっきりのプレゼントをご用意！
＼◆紅組◆／　「旬のジレでアカ抜け！　スタイルアップコーデセット」
＼◇白組◇／　「フェリシモ流　おもシロ開運縁セット」
あなたの「推し」組に清き一票を！　集計の結果、勝利チームに投票してくれた方の中から★抽選で50名さま★に、そのチームのプレゼントをお届け☆彡さらに！　投票に参加した方の中から★抽選で1000名さま★に2023年にちなんで2023mrをプレゼント！　勝っても負けても、ラッキー&ハッピーのチャンス♪　2023年の運試し、ぜひご参加ください!!
■投票には、エントリーが必要です。その方法や注意事項は、今月お届けの『今月のフェリシモ』裏表紙でご確認ください（P22547）■

古着屋さんで見つけたようなオーバーオール風バッククロスエプロン〈インディゴデニム〉

れるかもだけどな。

どんこ　私も楽しみでお届け箱を待つんです。

春先にはもう、夏にこれを着たいなというのを探してみたり。来たときにちょっと忘れてたりして、なんだっけって開けたときに、あ、これか。と思い出して。時期的には、そろそろ着れるので、「今日着れるかな」「明日着れるかな」というのを結構。

おつゆ　商品と一緒にカタログが届いて、まず、いろいろ入っているのを開けて出すのが好きです。ベッドの上に夢を広げて。最高です。

——最後に、フェリシモさんに何かお願いやメッセージがあればどうぞ。

かかち　クチュリエさんは、ほんとにズルい(冗談っぽく笑)。私はついに、アフガンフックやミシンにまで手を出してしまいました。これからも、色味のかわいいキットを、手を出せる価格帯で企画し続けてください！

塩にぎり　興味はあるけど、なかなか手を出せない……というときの「初回限定価格」とか、回数が少なめのレッスンプログラムとか、私たちの意欲をかきたて、モチベを保ってくれるシステム、すごくありがたいです。続けてください！

どんこ　洋服を手に取れる店舗があったらうれしい。憧れのコートを試着して購入する日が待ち遠しいです。

みなさま、ありがとうございました。

(※)商品についてのコメントはあくまで個人の感想です。

もはや考えられません！

毎月、多くのお手紙（ファンレター）が届くとのこと。
ご本人の許可のもと公開させていただきます！

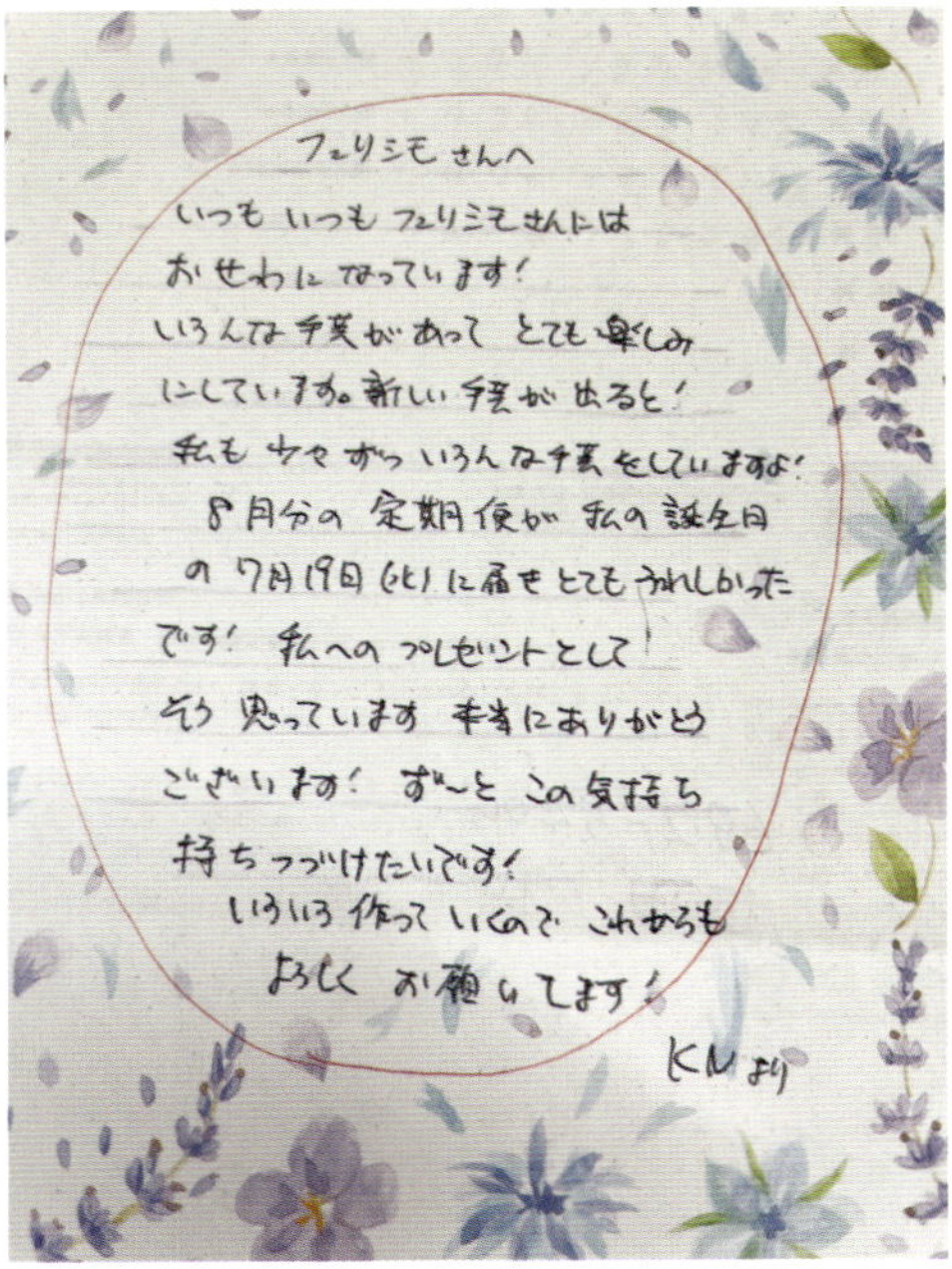
フェリシモさんへ
いつも いつも フェリシモさんには
おせわになっています!
いろんな手芸があって とても楽しみ
にしています。新しい手芸が出ると!
私も少々ずつ いろんな手芸をしていますよ!
8月分の定期便が私の誕生日
の7月19日(水)に届きとてもうれしかった
です! 私へのプレゼントとして
そう思っています 本当にありがとう
ございます! ずーと この気持ち
持ちつづけたいです!
いろいろ作っていくので これからも
よろしくお願いします!
KNより

フェリシモさんへ

いつもいつもフェリシモさんにはおせわになっています！
いろんな手芸があってとても楽しみにしています。
新しい手芸が出ると私も少々ずついろんな手芸をしていますよ！
8月分の定期便が私の誕生日の7月19日（水）に届きとてもうれしかったです！
私へのプレゼントとしてそう思っています
本当にありがとうございます！
ずーっとこの気持ち持ちつづけたいです！
いろいろ作っていくのでこれからもよろしくお願いします！

KNより

- 感じがよい人が多い。高齢なもので、携帯の操作やWEBのことがむずかしいのに、面倒くさがらず丁寧に教えてくれます。（もなみ さま／神奈川県）

- フェリシモは夢があってふんわりしていて好きです。生活に彩りを添えてくれます。（ここね さま／福岡県）

- いつも思うのですが、何かトラブルがあったときの対処の仕方がとても大事だなと。その点フェリシモは、とても信頼できると感じています。（たすまにあでびる さま／三重県）

私、フェリシモさんがない生活なんて……、

**全国に熱愛的なファンを持つフェリシモさん。
大事に大事に保管されているその一部を、**

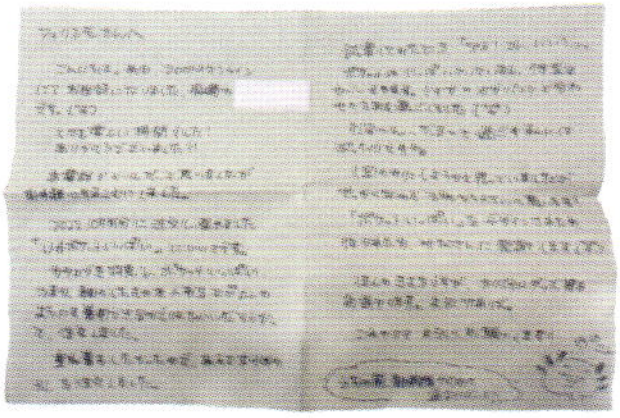

フェリシモさんへ

こんにちは。先日、ZOOMオンラインにてお世話になりました、長崎の＊＊＊＊です。

とても楽しい時間でした!

ありがとうございました!!

お電話かメールで、と思いましたがお手紙にすることにしました。

2022.09月分に注文し、届きました「Udポケットいっぱい」についてです。

カタログを拝見し、ポケットいっぱい、つまり細々したものを入れるエプロンのようにも着用できるのではないだろうか。

と、注文しました。

重ね着をしたかったので、あえて大きめの3Lを注文しました。

試着してみたところ、「アラ! コレ、いい!」。

ポケットはいっぱいついているし、体型もカバーできます。ミモザのヨガパンツと合わせて1日を過ごしました

だる〜ん、だる〜と過ごす私にはぴったりです

1回のみにしようかと思っていましたが、せっかくなので3枚そろえたいと思います!

「ポケットいっぱい」をデザインされた方、作られた方、みなさんに感謝します

ほんのきもちですが、オリジナルグッズ等をお送りします。よろしければ。

これからもよろしくお願いします!

アンケートにもたくさんの声が届きます♡

♥しょーもないことで電話するのも気が引けたのですが、オペレーターの方の対応がとても丁寧でわかりやすく電話してよかったと思いました。（うさ さま／広島県）

♥親しみのあるでもコチラの質問には的確に応対してくれる快適さがフェリシモのオペレーターさんたち。通販で買い物をいちばんしてる中でいちばんお気にのウチの御用達です。（青いトマト さま／北海道）

特別インタビュー

30年近く心に残る フェリシモさんから届いた温かい気持ち

太田未来子さん
（本書 フォトグラファー）

阪神・淡路大震災の後に届いた大きなお届け箱を開けたら……

阪神・淡路大震災が起きた1995年1月17日。

大学生だった私は、神戸市内に祖母、両親、兄と5人で暮らしていました。当時の実家は4階建ての一軒家。もともと祖母が荒物屋を営んでいた店舗兼住居を改築した古い家屋です。

2階で大きな揺れを感じて目を覚ました私は、4階から慌てて様子を見に来てくれた兄と肩を寄せ合って余震をやり過ごしました。みんなケガなどもなく無事だったものの、家の中は食器棚が倒れるなどグチャグチャで、電気・ガス・水道などのインフラも壊滅状態。とりあえず、近くの学校に避難するしかありませんでした。

ガスが復旧するまで数カ月かかるなど、混乱の日々が続きました。それでも、壁に少し亀裂が入っただけで家に住み続けることができた、私の被災状況はマシなほうだったと思わされるほど、神戸の街は大変なことになっていました。

期末試験を受けるため、神戸港近くの高浜岸壁から長い長い行列に並んで船に乗り、天保山港（大阪）まで行き、大阪府内のキャンパスまで通ったことも。友人宅に泊めてもらうなど、周りの方にもいっぱい助けてもらいました。

そして、部屋も少しずつ片づいて、ようやく日常を取り戻しかけたころ、フェリシモさんから大きなお届け箱が届いたのです。

100枚便せんなど文具や可愛い洋服に惹かれて、何度か衝動買いをしたことはありましたが、被災したころは定期購入をストップしていたので、突然のことに驚きました。箱を開けてみると、バスタオルなどの生活用品があれこれ詰まっており、前から「欲しいけど、ちょっと手が届かないなぁ」とあこがれていたアレッポの石鹸まで入っているではありませんか。

添えられていたお便りを読み、被災地域のお客さまに届けられたものだと知り、驚きが増すと同時に、ありがたいような申し訳ないような気持ちがわいてきました。私は、それほどのヘビーユーザーでもないし、ほかにもっと大変な

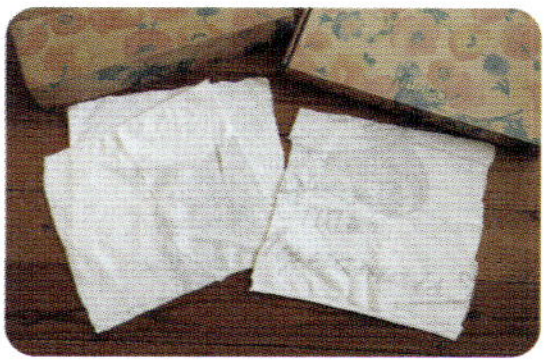

「猫のダヤンが大きく描かれた『わちふぃーるど』のバスタオル。台拭きになって、今なお30年近く我が家の暮らしに寄り添ってくれています。お届け箱も実家で大事に使われてきました」（太田さん）。

被害にあわれた方もいます。なのに、こんなによくしていただいていいのだろうか……と思ったのです。

タオルを使い続けた30年間で神戸を代表する会社に

あれから30年近くたち、この本の撮影を担当できるご縁を、本当にうれしく思います。

Stage Felissimoにごあいさつにうかがったとき、お届け箱について矢崎社長に直接お礼を伝えることができました。

矢崎社長は当時を振り返り、「被害の全貌もわからない中すぐにとりかかったことのひとつは、全国にいらっしゃるお客さま、お取引先さま、フェリシモの社員とそのご家族の安否確認でした。私も社員と一緒に電話をかけ、被災状況をお尋ねしたんですよ」と教えてくださいました。

大阪から神戸に移転する直前のタイミング（※）だったこともあり、いつもにもまして大変で、社員さんも少なからず被災されていたことでしょう。

にもかかわらず、家が倒壊するなどさらに被害が大きかったお客さまには、入金は期限通りにしなくて結構ですと伝言を残し、お届け箱が届いても迷惑にならないタイミングを見計らって生活用品を発送するなど、きめ細やかな配慮をされたことに頭が下がる思いです。

いただいたバスタオルですが、実家で愛用した後、ひとり暮らしをする際にも持っていきました。

さらに、結婚・出産後は子どものおくるみとして大活躍。年季モノですので、フワフワとしたやわらかさはないのですが、なぜか息子が気に入って離しませんでした。

私としても、手に取るたびに思い出がよみがえるせいか、なかなか捨てることができず、つい最近、台拭きとして使いながら、別れを惜しんでいるところです。何年かあとにかたちはなくなっても、フェリシモさんから届いたあたたかい気持ちは、いつまでも私の中に残るでしょう。

そして、そのときのお届け箱もまた、実家で収納ケースとして、いまだに大事に使用しています。

正直な話をすると、あのころはフェリシモさんの本社がどこにあるかなんて意識していなかったのですが、いまは「神戸らしい会社」「この街を代表する会社」だと感じています。それは、フェリシモさんの商品のおしゃれなところや、私たちの日々の暮らしに寄り添ってくれるお気持ちが、観光地としてだけでなく住む街としても魅力的な神戸と重なる部分があるからかなぁと思います。

（※）当初は1995年2月に移転予定だった。

フェリシモファンのみなさま

いつもありがとう！

フェリシモさんには入社式、定年退職のお祝いなど、
人生の節目を迎えた社員に対して、
矢崎社長以下、社員さん全員でサプライズイベントや
プレゼントを行う社内文化があります。

その際によく使うのが「メッセージカード」。
これまでの感謝や今後に向けたエールなどを書き、
それを寄せ書き風にまとめ、贈るとか。

それにならって今回は、フェリシモファンのみなさまへ、
社員さんから熱いメッセージを紙上にてお送りします！

「離島に単身赴任した際、
フェリシモが毎月届いて
安心した」
とのお客さまの言葉を胸に、
いつもお仕事しています❤
純農バイヤーイセッチ

わたしも最初は
フェリシモの
お客さまでした。
だからこそいいものを
お届けしたいです♡
ミルキーウェイ

ハムちゃん愛、
これからも
つづります。
偏愛フェリシモ(p92)、
よろしくお願いします！
バーチー

街でフェリシモを
愛用されてる方を見かけると、
この上ないしあわせです♪
ナナ

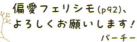

え？　こんなものが商品になってるん？
という驚きのコラボ商品も
たくさんあります。
中の人もワクワクできる
フェリシモをこれからも
よろしくお願いします。(#^.^#)
ぽこママ

いつも
ありがとうございます。
あなたのそばに、
いつでも
フェリシモの
商品を♪
こつこつ

みなさまの
「チョコ届きました」の
X投稿全部見てます。
想いも一緒に
届いていることに涙。
幸福のチョコ部・中の人

みなさまの
「タごはん」を
「くらそびキャラバン隊」として、
めぐるのが私の夢です～。
くらそび担当あこあこ

フェリシモのファンで
いてくださって
ありがとうございます！
わたしも負けないくらい
大大大ファンですっ!!
どっぷり沼です!!!
まぁちん。

街中でフェリシモの
お洋服やバッグを
使っている人を見かけると
1日ハッピーです
komugi

あなたのおかげで
もうすぐ60周年です。
いつもありがとうございます。
はいぱー

母が30年来のフェリシモユーザーで、フェリシモの商品に囲まれて育ったのですが、ついに自分はフェリシモに入社して商品をつくる側になりました。

私の人生に
フェリシモは欠かせない存在です。

思いを込めて素敵な商品をお届けできるように努めてまいりますので、
よろしくお願いします！

obk

心のしあわせへのお手伝いを、
海と山に囲まれたキラキラ輝く
神戸の街からお届けいたします。
そして出会ってくださって
ありがとうございます。

R・H

SNSに商品への
うれしい感想を
投稿いただき、
ありがとうございます！

よく見ています。

mk

みなさまからのお声が
エネルギーです

いつも一緒に
楽しんでくださって
ありがとうございます！

リリー

みなさまに
育てていただいているなぁと
感謝です！

これからもよろしくお願い致します!!

六甲山系

商品を気にいってくださっている
声をいただくたびに
励まされます！

くま

LOVE from miss.f
Mrs.f mama.f

お客さまとの
思い出は宝物

今は「フーズノート」店主

「楽しいが止まらない!」
フェリシモを
よろしくお願いします。
きょん

お客さまの
「これ好き!」の
お声が
原動力です♪
龍

ワインもつくってるフェリシモ。
海辺のエフワイナリー(p14)で
みなさまをお待ちしています。
TAMA

近くからの、遠方からの、
温かい応援・叱咤・
激励、すべてが
エネルギー源です。
いつも
ありがとうございます!!
ぶんちょう

働いている私も
フェリシモのファンです。
気づけばファン歴
27年……!
これからも楽しいフェリ
シモでいつづけますので、
一緒にフェリシモを盛り
上げていただけると嬉し
いです～!
さく

ステージフェリシモ(p8)での
イベントにお越しいただいた
みなさま、ありがとうございました。
お会いできて、しあわせでした。
またお会いできますようにと、
これからもがんばります。
maasa

みなさまのおかげで、
フェリシモは神戸から世界へ♥
これからも一緒に
しあわせになりましょう。
いつもありがとう!
KISSY

新港第2突堤『神戸アリーナ』と
水族館『アトア』に挟まれた
瀟洒な建物がフェリシモ本社。
レストランシンクロ(p14)へ
いらっしゃい
Momo之助

なぜフェリシモさんは「しあわせ」に、
思い入れがあるのか——。
3代にわたって受け継がれてきた
「しあわせ社会学の確立と実践」という、
大きく奥深い経営理念をどのように日々の活動に
落とし込んでいるのでしょうか。
その原点を大切にして、
さらに未来に向かうためのシンボル的な存在
「GO！ PEACE！」プロジェクトとともに紹介。

Chapter.6

ともにしあわせになるしあわせ

フェリシモさんが大切にしていること

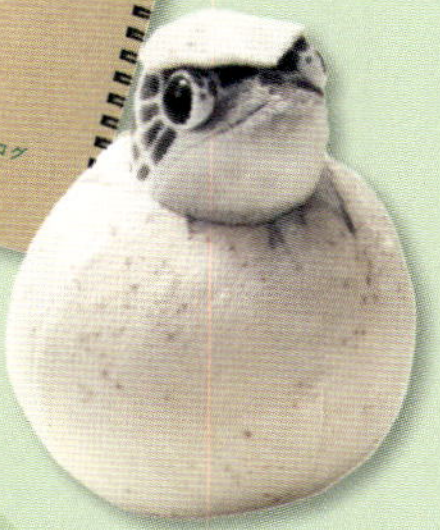

誰もがしあわせの創り手となり、贈り手となり、受け取る人になるために

なぜフェリシモさんは「しあわせ」にこだわりがあるの？

「GO! PEACE!」(p134)は、私たちファンにとって楽しみなのはもちろんのこと、フェリシモさんにとっては原点を大切にして、さらに未来へ向かうためのシンボル的な存在(プロジェクト)でもあります。

なぜなら、「しあわせ社会学の確立と実践」を経営理念に掲げる会社として追い求めてきた、「しあわせ」とは何か?をあらためて前に進めるために、新しい共感の輪を広げるカタログ(プロジェクト)だからです。

なぜフェリシモさんは、これほどまでに「しあわせ」というキーワードにこだわりがあるのでしょうか。それには、創業者である故・矢崎又次郎氏の人としてのあり方が反映されているようです。

早くに両親を亡くした又次郎氏は、貧しい暮らしの中で小学校の図書館に通いつめることで学びを得ました。成長し、名古屋の百貨店での丁稚奉公を経て故郷である福井県で独立しますが、ようやく事業が軌道に乗りかけたところで徴兵され、戦後もシベリアに抑留されるなど、苦難の連続。

それでも帰国後、一家で大阪に移って、フェリシモさんの源流となる事業をはじめます。

そして、ようやく事業が軌道に乗ってきたと思ったら、さらに又次郎氏は「子どものころにお世話になった故郷に税金を払いたいから」と、住民票を福井に移して家族を驚かせます。ほかにも、ネパールの子どもたちがワクチンを打つための寄付になるからと、社員たちに古切手の収集を呼びかけたり、自身が通った小学校に「図書館に置く本を買って」と、年間100万円ずつの寄付をしたり……。

これらのように、手に入れた「しあわせ」を誰かに贈る行動を重ねていきます。

そんな父の思いを引き継いだ二代目社長の故・矢崎勝彦氏は、「しあわせ社会学の確立と実践」という経営理念を明確にして、弟の現社長である矢崎和彦氏(以下、矢崎社長/p84)にバトンを渡しました。

「フェリシモ」という社名に込められた思い

矢崎社長の就任3年目、1989年に新しくつけられた「フェリシモ」という社名にも、「しあわせ」への強い思いが織り込まれています。

当時のフェリシモさんは、「ハイセンス」という名前の会社でしたが、『はいせんす絵本』というカタログ名にも使われた、愛着ある名前を変える決断をしたのには、いくつかの理由がありました。

第一に、「しあわせ社会学の確立と実践」という経営理念を引き継いだ矢崎社長が、「しあわせ」を目指すのであれば、社名にもその意志を込めるべきだと考えたため。また、「ハイセンス」はグローバル展開を進めるうえで、商標面で課題があったからでした。

そこで、海外の方でも発音しやすく、ラテン語を語源とする英単語で「至福」や「しあわせ」という意味を持つ「felicity/フェリシティ」が候補に挙がりました。ただ、これだけでは一般的に広く使われている単語ということもあり、

FELICITY + SSIMO = FELISSIMO

至福　強調を表す接尾語　最大級で最上級のしあわせ

イタリア語で強調を表す接尾語「ssimo／シモ」を組み合わせることに。こうして、「最大級で最上級のしあわせ」という意味が込められた「felissimo／フェリシモ」という新社名が誕生したのです。

「しあわせ」と「利益」は両立できる？

さらに、「しあわせ社会学の確立と実践」という、大きく奥深い理念を日々の業務に落とし込むために、矢崎社長はつぎのようなフレームをつくり上げました。

〈事業性・独創性・社会性〉

事業性：企業活動を維持発展させるための土壌。
独創性：豊かな感性と情熱でなにかを生み出す力。
社会性：社会全体の「ともにしあわせになるしあわせ」を増やそうという意思。

この三つが重なる事業に情熱を燃やして取り組むことが、永続的で発展的なしあわせ社会の創造につながるとフェリシモさんは考え、今ではこの「事業性・独創性・社会性」三つの同時実現を目指しているのです。

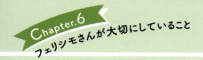

フェリシモさんが社名変更をした当時、好景気を背景に企業メセナ（※企業が主に資金提供し、直接的な見返りを求めず文化・芸術活動を支援すること）が大きなブームになり、「文化的な活動に利益の何パーセントを出すべき」などという議論が交わされていたものです。

しかし、本業と社会貢献を分けて考える企業も多く、利益が出なくなったとたん、このような社会性があとまわしにされることもしばしばでした。その後も、CSR（※Corporate Social Responsibility／企業の社会的責任）や環境活動などが、一時的なブームとなっては消えていくことが繰り返されてきました。

一方のフェリシモさんは、お客さまに選ばれる独創性の高い商品や、お客さまが共感し参加いただける社会貢献型の取り組みを提案することで、よりよい社会の実現のため事業活動に取り組めると考えていました。

たとえば、1990年からスタートしたフェリシモさんの基金活動。

商品や商品の一部を通じて、お客さまおひとりおひとりの善意を、毎月一口100円から参加できる基金というかたちでお預かりして運営し、これまでに集まった基金総額は31億円以上となっています。

それ以外でも、クラウドファンディング型の基金システムや、手づくりキットを購入した人に完成させたぬいぐるみを送ってもらい、世界の子どもたちに贈る「フェリシモ ハッピートイズプロジェクト」(p25)などは、クリエイティブを源泉に「事業性・独創性・社会性」の同時実現をかなえるプロジェクトの一例です。

こうした取り組みは、社会背景や事業環境が変わったいまでも、続いています。

ともにしあわせになるしあわせ

「しあわせ」の定義については、フェリシモさんの社内でも繰り返し議論が交わされ、その時々で解釈や表現が変わってきたそうです。

最初は、欲しいものが手に入ること、健康であること、愛する人たちに囲まれること……など、「自分がしあわせな気分になること」が中心でした。

でも、すぐに「ひとをしあわせにするしあわせ」へと、解釈は広がっていきました。

ただ、誰かのために何かをする、という行為は、意味のあることである反面、ややもすると〝ほどこしている〟というスタンスになってしまう見方も、一方であります。

また、人間が恵まれた暮らしをするために、動物や自然が犠牲になるのはしあわせか？という疑問の声も挙がりました。

自分たちのしあわせだけではなく、みんなのしあわせ。
すでに「ある」しあわせではなく、「なる」しあわせ。
誰もがしあわせの創り手となり、贈り手となり、受け取る人になれる。

そんなニュアンスを、「ともに」「なる」という言葉に込めて、**「ともにしあわせになるしあわせ」**という言葉が生まれて、これをコア・バリューとして会社にとって大切な価値観と位置づけています。

「しあわせ」な情報を広く深く届けるために

「ともに」しあわせに「なる」しあわせの、贈り手となり受け手となるときに大切な役割を果たしているものの一つが、クリエイティビティあるビジュアル表現を発揮しているカタログメディアです（p50）。

心トキメク構成やデザイン性の高さだけではなく、悩みを解消したり、いつもと違う自分にチャレンジする勇気をくれたりと、手にした人の生活をダイレクトに豊かにしてくれる情報を運べるのがカタログの力。しかも、「お申し込み」として注文の数字を送るだけで、「商品」「サービス」という情報がリアルになって自分の手もとに届くのが、雑誌にはない情報価値なのです。

一方で、インターネットやSNSの拡散力は、紙に比べて量もスピードも圧倒的です。

2002年1月、同時多発テロで両親を失ったアメリカの子どもたちとアフガニスタンの子どもたちを支援するための募金を付けた「NUSY　ラブ&ピース　メッセージTシャツ」がリリースされました。季節は真冬……1000枚売れればいいところと予測していたそうですが、口コミ効果であれよあれよと年間7万枚、累計17万枚の大ヒットに。

「たくさんの人から支持をいただくことこそが、商売では重要だ」という創業者である矢崎又次郎氏の教えを地でいくように、1枚300円の寄付が大きな支援につながったのは、商品を購入することで、誰もがしあわせの贈り手になれるという情報価値が多くの人の気持ちを動かし、広がり、行動をうながした結果と言えるでしょう。

GO! PEACE! プロジェクト

～みんなで「うれしい未来」をつくる！～

GO! PEACE! プロジェクトとは？

『ＧＯ！ ＰＥＡＣＥ！』は、お買い物を通じて〝しあわせの贈り手〟になれる活動を推してくれる、２０２３年に創刊した「ＧＯ！ ＰＥＡＣＥ！ プロジェクト」の新カタログ。

〝みんなで「うれしい未来」をつくる〟をコンセプトに、野生動物や自然環境の保全、世界とのフェアトレードやトレーサビリティーが確立された素材の使用、日本の伝統文化の継承やサステナブルなライフスタイルの確立、病気・障がい・貧困など困難への支援、参加しやすいチャリティープログラムなど、30のソーシャルグッドな取り組みから生まれた、69商品が掲載されました。

このプロジェクトでは、しあわせな未来を創る人々の集まりとして「Ｔｅａｍ ＧＯ！ ＰＥＡＣＥ！」への参加を広く呼びかけ。

社会の課題を解決するために、よりよくできることなどについての声や思いはもちろん、個人の悩みだけではなく、企業や団体としてフェリシモさんと事業化を目指す提案も合わせて募集し、その実現を目指します。

Team GO! PEACE!

「PEACE」という意味を、重くとらえすぎて身動きがとれなくなることがあるかもしれません。実際、私たちだけではどうにもならない問題もたくさんあるでしょう。でも、だからこそ、「GO!」と前に進むかけ声をかけたというこのプロジェクト。

もっと気軽に楽しく、「うれしい未来」に向かって一緒に一歩前に踏み出しませんか?

GO! PEACE!
プロジェクト

「GO! PEACE!」（2023年カタログより）

地球とともに with THE EARTH

いつもそばにいてくれる家族同然の犬《ワン》ちゃんや猫ちゃんたちに、同じ地球に暮らしている動物や植物――みんな、かけがえのない存在です。ただ、地球環境の変化により、繁殖が難しくなったり、保護が必要になっている命も少なくないのが現状です。

そこで、「旭山動物園とボルネオの森へ恩返し」や「小笠原海洋センターと考えるウミガメの未来」など、野生動物の保全や、自然研究の推進などを支援する四つのプロジェクトに関わる商品が企画されました。

動植物のことをもっと知りたい。種の多様性と命を守りたい。

地球に生きるすべての生命にとって、「うれしい未来」を一緒につくりませんか？

フェリシモ「猫部」ファンのみなさんにはおなじみのフェリシモの猫基金についても紹介されています。

世界とともに with THE WORLD

世界の文化は、私たちの暮らしを素敵に彩り、豊かなものにしてくれます。

その一方で、私たちのしあわせのために、どこかの国や地域の人にしわ寄せがいっているとしたら、ちょっと考えてしまいますよね。

世界の誰もが少しでも、しあわせに近づくにはどうすればいい？

そこで、イタリアで三代にわたって編み物文化を守る村の「おばあちゃんが編んでいる」フェアトレードのニットや、捨てるしかなかったバナナの茎から紡がれた繊維でできた「バナナクロス」の靴下のほか、トレーサビリティー、世界の環境配慮素材、途上国支援などをテーマとする九つのプロジェクトが企画されました。

エシカルやサステナブルがふつうの暮らしから、「うれしい未来」をつくりましょう。

みんなで「うれしい未来」をつくる！

日本の地域・文化とともに with CULTURE

世界中がSDGsへの関心を高める中、限りある資源を効率的に活用する“循環型社会”の実践として、日本の古い文化が見直されることが少なくありません。そこで、『GO！PEACE！』創刊号では京都の「清水焼」「京くみひも」、沖縄の「やちむん」「琉球ガラス」といった日本の伝統産業の未来への継承や、サステナブルなライフスタイルの確立を目指す蒸留所「MITOSAYA」コラボや、廃棄食材を使って染色する「フードテキスタイル」など、九つのプロジェクトが企画されました。

そのほか、名著を1000人のリクエストで復刊させるプロジェクトや、フェリシモチョコレートミュージアム(p15)とのコラボで生まれた「KobeINK物語」でつなぐ手書き文化など、暮らしに採り入れながら継承したい、地域・文化・伝統も紹介されています。

あなたとともに with YOU

病気、障がい、貧困など、世の中には自分の努力だけでは解決しがたい、さまざまな困難が存在します。

そこで、お寺に集まる「おそなえ」を仏さまからの「おさがり」として、困りごとを抱えるひとり親家庭を支援する「おてらおやつクラブ」への協力や、小児がんで療養生活を送る子どもと家族に贈る「親子でほのぼの 川の字パジャマ」、「親子でほのぼの 森になるパジャマ」、障がいのある方のアート作品を商品化した「UNICOLART」(P83)など、むずかしい状況にある「誰か」と向き合い、理解し合い、お互いを支え合うための六つのプロジェクトが企画されました。

さらに、産婦人科医の宋美玄先生監修のもと制作して「第18回キッズデザイン賞」を受賞した、「性とからだとこころを知るカード」(上写真)やピンクリボン基金付きの商品も紹介。誰かのありのままを受け入れ、生かし合える世の中になるよう、仲間に入りませんか？

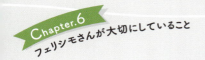

願いとともに
HOPE

「HAPPY CAPS基金付きSANTA BOX」による九つの支援先も掲載されました。

　さらに、96年のスタート以来、世界で活躍する著名人から賛同を得た「トリビュート21」が、ユネスコ世界遺産センターとの共同プロジェクトとして待望の復活。日本を代表する大人気マンガ家さんのプレートが登場するなど、今後の新展開にワクワクです！

な活動もしています！

ソーシャルプロダクツ・アワード2024で受賞

『GO ！ PEACE ！』プロジェクトは、一般社団法人ソーシャルプロダクツ普及推進協会が主催する「ソーシャルプロダクツ・アワード2024」においてソーシャルプロダクツ賞を受賞。多種多様なソーシャルプロダクトが並び、楽しみながらお買い物を通じて社会貢献できる、お手本のようなプロジェクトと評されました。

審査評価コメントより

多種多様なソーシャルプロダクトが並び、楽しみながら消費を通じて社会課題を理解し社会貢献する、お手本のような魅力的なプロジェクトである。

カタログの有償化＋クーポンで、無駄な配布を無くすなど随所に工夫が見られる。

エシカルに詳しい人も詳しくない人も参加したくなり、応援したくなるような取り組みとなっている。

多方面からの協力体制の構築も素晴らしく、20年超に及ぶ取り組みもあることに深い感銘を受けた。

同社のような規模の大きい展開は消費者の行動変容や意識啓発に大きな影響を与えることになるであろう。

社内の人材育成も進んでいるとのことで、今後の継続的な取り組みに更なる期待を寄せたい。

ひとりひとりの
with

1990年にスタートし、累計で230万人の会員が参加し、31億円を超えたフェリシモさんの基金活動。「一口100円で始められる基金」は、人、社会、自然、動物のこと……など、多彩なテーマから気軽に選べる誰にも参加しやすいチャリティー企画です。ほかにも、「AIM医学研究支援」「もしもしも防災基金」のように、お買い物で支援できる基金付き商品の一覧や、

GO! PEACE!はこん

『GO！ PEACE！』プロジェクトでは、「Team GO！ PEACE！」と題し、みんなで解決していきたいお悩みや、フェリシモとの共創事業提案など、みんながうれしい未来をともにつくるパートナーとして、法人、団体、個人の参加を広く呼び掛け、WEBフォームから受け付けています。

Team GO! PEACE!
投稿フォーム

株主さまにもファンでいてほしい!

なので、

特別感があふれかえっちゃうプレゼントでご優待

2006年に株式上場を果たしたフェリシモさんは、株主を「しあわせ社会価値創造のためのパートナー」と位置付けています。つまり、株を保有することで、お買い物をするのとはまた別の意味で、フェリシモさんを応援したり、想いを一緒にしたりすることができるのです。ほかの会社に比べると、女性株主比率が少し高めのようで、年1回「株主優待」として届く「HAPPY PRESENT」も大人気です。

企業が自社の株を購入してくれた株主に向けて、自社商品やサービスなどを贈る株主優待制度は、保有する株式の「数」が多いほど、優待の内容も手厚くなることが一般的。

しかしフェリシモさんは、「長期的に、理念とビジョンに共感いただけるパートナーの方々とともに、株主価値の向上を目指したい」との考えから、「何年連続で株式を保有していたか」という歴が長いほど、優待の内容が手厚くなる仕組みに。

一般会員では手に入らない体験や、いち早く届く新商品・サービスなどがプレゼントされる優待です。

株主優待例（最近5年間）

1単元（100株）以上の保有で

- フェリシモ定期便の人気商品から
セレクトした商品
- 新たに取扱うジャンルやブランドの特選品
- フェリシモさんがプロデュースする
レストランやワイナリー、ミュージアムなどの
特別企画

フェリシモさんを
〝さらに〟詳しく知りたいあなたに!

felissimo
Library

フェリシモライブラリー

自社の記録として「社史」をつくる企業は多いですが、フェリシモさんは、創立以来60年以上にわたって生み出してきた商品やプロジェクトをアーカイブスにして、WEBサイトで更新し続けています。

「ともにしあわせになるしあわせ」の積み重ねを感じることができます。

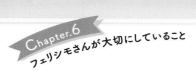

Special Thanks!!

座談会にご参加いただきました

おつゆ。さま／どんこさま／塩にぎりさま／かかちさま／けーこさま

ファンレターを公開していただきました

KNさま ほか

ベストパートナー企業として登場いただきました

カクケイ株式会社
井原博史 代表取締役社長
乾益夫 大阪支店長
杉本瑞綺さま（営業部）
遠藤璃大さま（営業部）

全面協力いただきました

株式会社フェリシモ
矢崎和彦 代表取締役社長
広報部をはじめとする社員のみなさま

大変お世話になりました。本当にありがとうございました。

編集協力　服部貴美子
写真撮影　太田未来子
人物(p13、p15、p18、p21、p28、p29、p31、p34、p53、p77、p83左、p89、p92上、p94・p96／スナップ写真、p100、p139はのぞく)、p9、p12(プラットファーム)、p33左上、p41(スケッチブック)、p47下(壁面)、p69、p111(風呂敷)、p119
※そのほか写真については、クレジットがあるものをのぞき、株式会社フェリシモが提供
本文DTP　株式会社スパロウ　竹内真太郎／秦はるな

編者紹介

Passionate FELISSIMO Fan（熱愛的なフェリシモファン）

その名の通り、数十年来のフェリシモファン。フェリシモさんで買ったものに、起きているときはもちろんのこと、寝ているときまで囲まれて生活している。どの商品も大好きで、「お気に入り」は決められない。

最近では、「それ、どこの（商品）？」と聞かれ、「フェリシモさん！」と答え、「やっぱりね！」「当然、そうだよね！」と一緒に大笑いし、さらに周りにファン（仲間）を増やしている。

あまりに好き過ぎて、情熱（と大いなる私情）でとうとう書籍企画（しかも商業出版）を実現させた。

LOVE FELISSIMO ファンブック　〈検印省略〉

2024年 10 月 17 日　第 1 刷発行

編　者——Passionate FELISSIMO Fan（熱愛的なフェリシモファン）
発行者——田賀井 弘毅

発行所——株式会社あさ出版
〒171-0022 東京都豊島区南池袋 2-9-9 第一池袋ホワイトビル 6F
電　話　03（3983）3225（販売）
　　　　03（3983）3227（編集）
F A X　03（3983）3226
U R L　http://www.asa21.com/
E-mail　info@asa21.com
印刷・製本　（株）光邦

note　http://note.com/asapublishing/
facebook　http://www.facebook.com/asapublishing
X　http://twitter.com/asapublishing

ISBN978-4-86667-688-3 C0030